入門

校内研究のつくり方

教師自らが共に学ぶ
主体的・対話的で
深い研究を実現する!

大妻女子大学教授
澤井陽介

東洋館出版社

はじめに

昨今、子供たちの多様性への対応は多岐にわたり、それに伴って保護者のニーズもよりいっそう多様化しています。その一方で、新規採用教員の急増も相まって、校内の組織力を維持することが難しくなってきたという声を聞きます。

加えて、コロナ禍の影響も残るなか、働き方改革の大号令も発せられ、他校に出張したり、自主研修会を企画したりするのも難しい状況にあるとも言います。

そうであるにもかかわらずと言うべきか、そうであるがゆえにと言うべきか、教師一人一人が自分の力で指導力を磨いていかなければならないといった声も聞きます。しかし、厳しい環境下にある教育現場において、自分の力だけで力量形成を図るのは至難の業ではないでしょうか。もとより、特効薬など存在しないのが授業改善です。

だからこそ私たちは、自分たちの足下を見つめ直す必要があると思うのです。そう、「校内研究」です。

平成29年に改訂された現行の学習指導要領においては、「主体的・対話的で深い学び」

が掲げられました。これは、学習者主体の授業づくりを実現するための授業改善の視点ですが、裏を返せば教師自身の学びの姿だと言い換えることができます。つまり、**教師の学びが主体的で、対話的であってこそ教師にとっての学びが深まり、そこから、「深い学び」を実現する授業が生まれる**ということです。

このように考えれば、今こそ「校内研究」のあり方を再考し、研究を通して学校の組織力を向上し、さまざまな課題解決につなげていくことが、本当に必要なのだと私には思えるのです。

本書を通じて、先生方の学びが少しでも実りあるものとなることを祈念します。

令和6年6月吉日　大妻女子大学教授　澤井　陽介

〈目次〉

第2章　校内研究が思うようにいかないのはなぜか

第3章 主体的・対話的で深い研究をつくる

第5章　校内研究の改善に欠かせない10の視点

終章　校内研究を支える教師のライフステージ

序章
わかってはいても、学ぶ機会が少ない教師のジレンマ

資料１　教員採用試験（全国統計）過去10年の比較

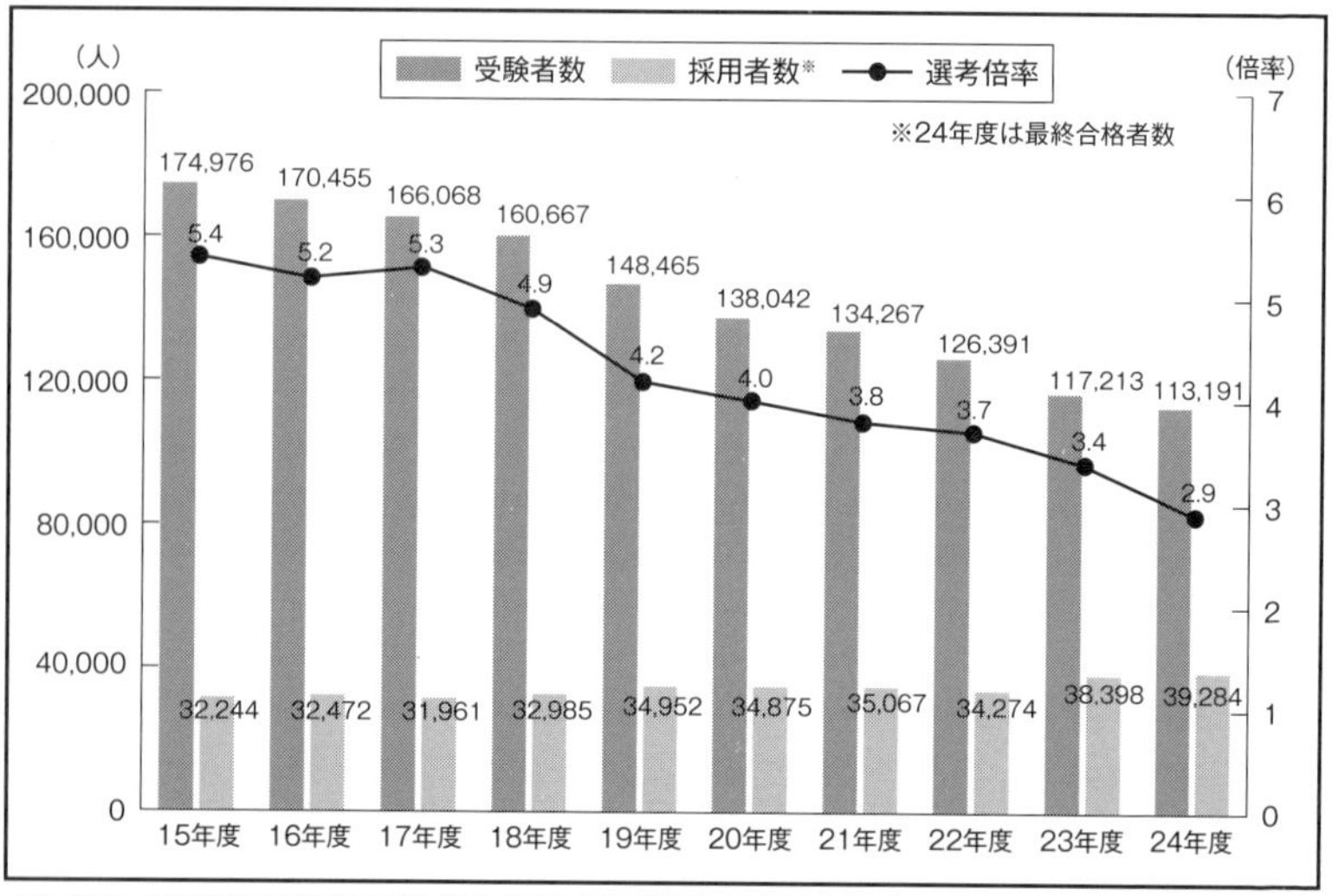

（注）2015～2022年度は文部科学省調査「令和4年度公立学校教員採用選考試験の実施状況」、23・24年度は時事通信社調べによる。2023年度の選考倍率は受験者数と採用者数で算出。2024年度の選考倍率は受験者数と２次（３次）合格者数（最終合格者数）で算出。選考倍率の算出には採用者数及び最終合格者数が未確定の自治体は計算に入れていない。

選考倍率から考える

各地で新規採用教員が急増している一方で、教員採用試験の選考倍率のほうは、（全国平均こそ2・9倍であるものの）自治体によっては2倍を切るところも出てきています（**資料１**）。小・中学校別に見ても、**資料２**のように倍率は低下しています。

他方、校内研究の講師として各地域の学校に招かれるたび、多くの学校で「教師陣の半数以上を20代が占める」と聞きます。

とはいえ、採用倍率の低下をもち

資料2　校種別選考倍率の推移

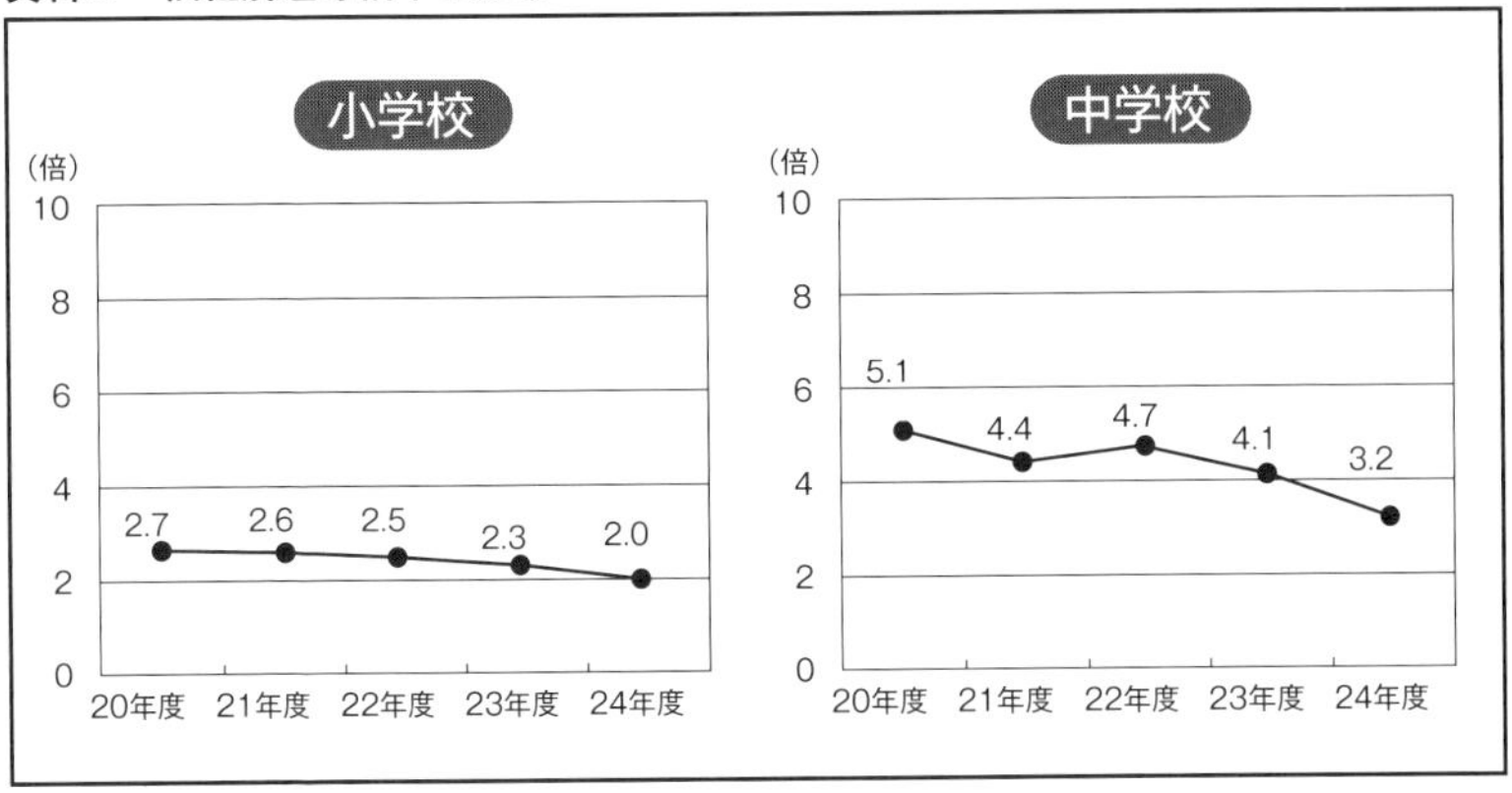

※「教員採用試験対策サイト」（時事通信出版局）より

出して、先生方を批判するつもりなど毛頭ありません。むしろ、懸命な努力の末、（「ブラック企業並み」なども揶揄される）「学校教育の世界によくぞ飛び込んでくださった」と、その意志と使命感に敬意と感謝の念を抱いているくらいです。

私が懸念しているのは、教員の年齢構成のバランスです。（民間企業を含め）どのような組織であっても構成員の年齢構成が著しくバランスを欠くと、組織力が十分に発揮されなくなるからです。なにより、学校の組織力は教師一人一人の力量に大きく左右されるという特性があることから、そうした懸念はより大きくなります。

現在は、ベテランが大量に退職し、新人が大量に入職することによるアンバランスですが、今から30年近く前は就職氷河期などと言われ、公立学校も例外ではなく、新規採用が極端に少なくなってしまった時期がありました。

その当時は、「ひしめく40代」などと言われ、進取の気性に富んだ若々しいエネルギーに満ちた実践の少なさを問題視されていたわけで、いつの時代も年齢構成のバランスが崩れてしまうと、なにかしらの厳しい状況に見舞われるということです。

さて、現在のいわゆる「先輩が少なく、後輩が多い」状況下では、「文化や技術の伝承が不十分になる」ことが課題として挙げられるわけですが、懸念点ばかりではありません。（前述したように）若い教師の急増は教育現場にエネルギッシュな息吹が吹き込まれるチャンスだからです。

実際、学校にうかがう機会の多い私自身も、そうした若い力を目の当たりにしています。ICTを使いこなしながら、例えば課題選択型学習（単元内自由進度学習などを含む）やPBL学習（プロジェクト型学習）などに率先して取り組んでいる若い教師の存在です。

そうした教師たちには、過去の経験則といったバイアスがかからないこともあって、固定観念に縛られることなく、自然な感性・感覚で取り組めているかのように見えます（若い先生方を見ていると、「自分たちは改革者だ」などといった認識ではなく、「おもしろそうだ」「たのしそうだ」といった感覚重視で実践しているように感じます）。

いずれにしてもこれからの数年間、学校組織は間違いなく大きな変革期を迎えることになると思います。

子供の多様性から考える

さて、教育現場は（前述したように）新しい可能性を秘めているものの、そうした可能性の芽が息吹くために不可欠な要素を確保するのが難しい時代でもあります。それは、若い先生方の職能成長を辛抱強く待つ時間です。

民間企業などでも言われることですが、今日必要とされる人材は、いわゆる「即戦力」です。（ベテランと同じ水準ではないにせよ）これは、新卒者に対しても同様に求められます。もはや昭和の時代のように、「石の上にも三年」などといった価値観で悠長に待ってはくれないということです。

しかも、教育現場においては、若い先生方にとってはもちろん、ベテランの先生方にとってもさらに難しい課題がもちあがっています。その一つが、「子供たちの多様性への対応」です。

資料3　認識すべき教室の中にある多様性・子供目線の重要性（小学校のイメージ：一例）

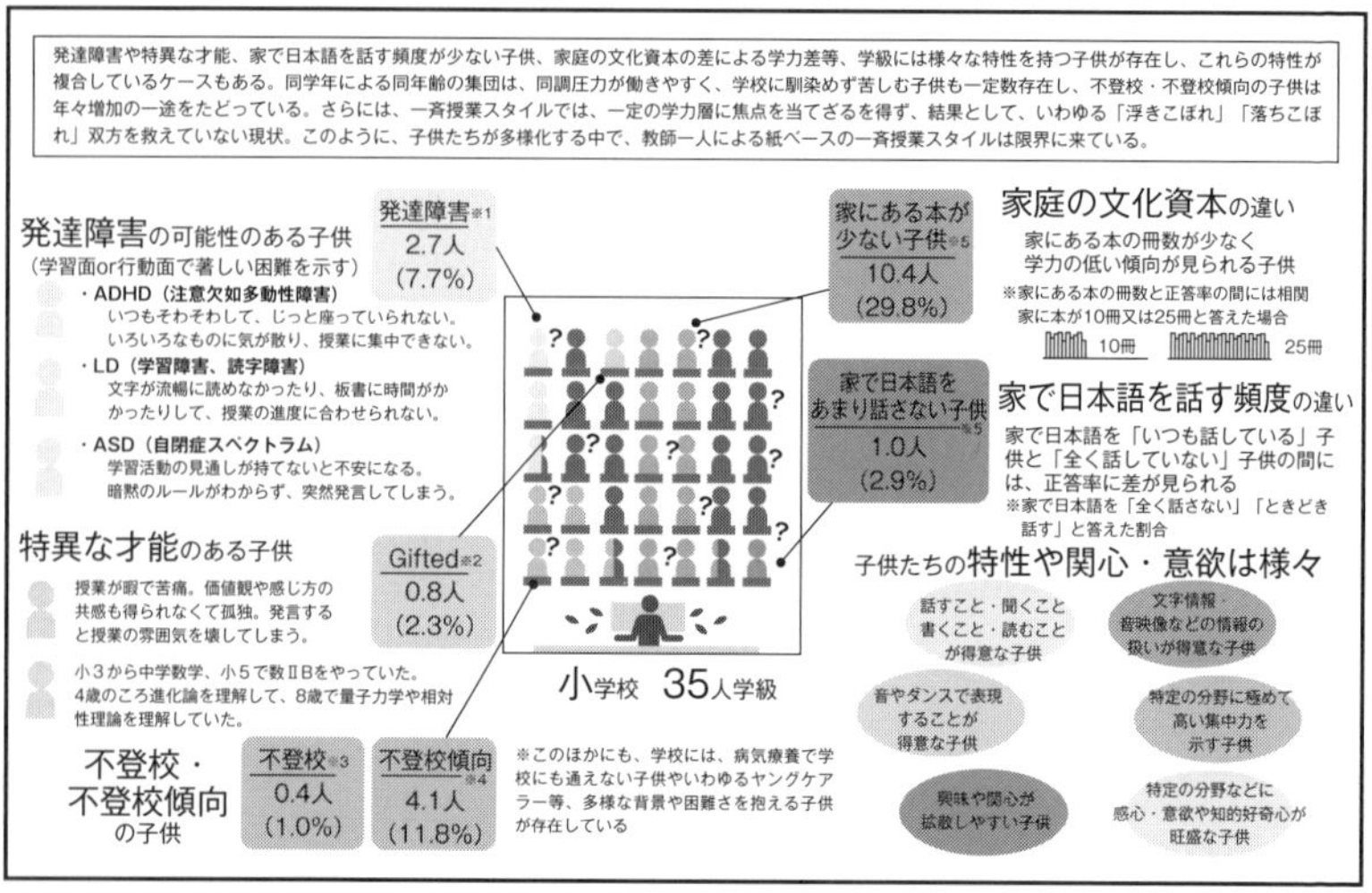

発達障害や特異な才能、家で日本語を話す頻度が少ない子供、家庭の文化資本の差による学力差等、学級には様々な特性を持つ子供が存在し、これらの特性が複合しているケースもある。同学年による同年齢の集団は、同調圧力が働きやすく、学校に馴染めず苦しむ子供も一定数存在し、不登校・不登校傾向の子供は年々増加の一途をたどっている。さらには、一斉授業スタイルでは、一定の学力層に焦点を当てざるを得ず、結果として、いわゆる「浮きこぼれ」「落ちこぼれ」双方を救えていない現状。このように、子供たちが多様化する中で、教師一人による紙ベースの一斉授業スタイルは限界に来ている。
発達障害の可能性のある子供
（学習面or行動面で著しい困難を示す）
・ADHD（注意欠如多動性障害）
いつもそわそわして、じっと座っていられない。

いろいろなものに気が散り、授業に集中できない。
・LD（学習障害、読字障害）
文字が流暢に読めなかったり、板書に時間がかかったりして、授業の進度に合わせられない。
・ASD（自閉症スペクトラム）
学習活動の見通しが持てないと不安になる。

暗黙のルールがわからず、突然発言してしまう。

発達障害※1
2.7人
（7.7%）

特異な才能のある子供
授業が暇で苦痛。価値観や感じ方の共感も得られなくて孤独。発言すると授業の雰囲気を壊してしまう。

小3から中学数学、小5で数ⅡBをやっていた。

4歳のころ進化論を理解して、8歳で量子力学や相対性理論を理解していた。

Gifted※2
0.8人
（2.3%）
不登校・
不登校傾向
の子供
不登校※3
0.4人
（1.0%）

不登校傾向※4
4.1人
（11.8%）
小学校　35人学級
※このほかにも、学校には、病気療養で学校にも通えない子供やいわゆるヤングケアラー等、多様な背景や困難さを抱える子供が存在している
家にある本が少ない子供※5
10.4人
（29.8%）
家庭の文化資本の違い
家にある本の冊数が少なく
学力の低い傾向が見られる子供
※家にある本の冊数と正答率の間には相関
家に本が10冊又は25冊と答えた場合
10冊
25冊
家で日本語をあまり話さない子供※5
1.0人
（2.9%）
家で日本語を話す頻度の違い
家で日本語を「いつも話している」子供と「全く話していない」子供の間には、正答率に差が見られる
※家で日本語を「全く話さない」「ときどき話す」と答えた割合
子供たちの特性や関心・意欲は様々
話すこと・聞くこと
書くこと・読むこと
が得意な子供
文字情報・
音映像などの情報の
扱いが得意な子供
音やダンスで表現
することが
得意な子供
特定の分野に極めて
高い集中力を
示す子供
興味や関心が
拡散しやすい子供
特定の分野などに
感心・意欲や知的好奇心が
旺盛な子供

※「Society5.0の実現に向けた教育・人材開発パッケージ」（2022年6月）より

資料3は、内閣府が主催する「総合科学技術・イノベーション会議」が公表した資料で、「子供たちの多様性は、学力のみならず固有の特性や個別の課題、家庭での状況などを含め多岐にわたるものである」ことを示すものです。

子供たちの現状を考えるうえでは素晴らしい指摘だと思いますが、教育活動一つとっても、若手であろうとベテランであろうと関係なく、これほどまでの多様性に対応しなければならないのだとしたら、本当にたいへんだと思います。

資料4は、先の資料に付随するものですが、ここには「子供の多様性に対応するためにはどんなことが必要となるのか」（教育

資料4　2017年改訂により資質・能力重視の教育課程へと転換

教師による一斉授業 一定のレベルを想定した 質の高い授業展開	**主体**	**子供主体の学び** 子供の理解度や認知の特性に 応じて自分のペースで学ぶ
同一学年で 同一学年で構成され 該当学年の学び	**学校種 学年**	**学年に関係なく** 学年・学校種を超える学びや 学年を遡った学びも
同じ教室で 集団行動が 基本となる教室で	**空間**	**教室以外の選択肢** 教室になじめない子供が 教室以外の空間でも
教科ごと 教科担任制のもと 教科ごとの指導	**教科**	**教科等横断・探究 ・STEAM** 教科の本質の学びとともに、 教科の枠組みを超えた 実社会に活きる学びを
Teaching 指導書のとおり 計画を立て教える授業	**教師**	**Coaching** 子供の主体的な学びの 伴走者へ
同質・均質な集団 教員養成学部等を卒業し、 定年まで勤めることが基本 万能を求められる教師	**教職員 組織**	**多様な人材・協働体制** 多様な教職員集団 理数、発達障害、ICT 、キャリア など専門性を活かした協働体制

課程をはじめとした授業観や学習観などの転換すべき事柄）が示されており、いわば「授業改善の方向性」だと捉えることができます。

なかには、特定の授業場面においてすでに取り組まれている事柄もあるかと思いますが、気をつけておかなければならない点もあります。

それは、特定の教科等（例えば、総合的な学習の時間）の指導原理で、他教科等の授業のねらいまでも画一的に捉えてしまうことです。それでは、教科等ごとに定められている特質から逸脱してしまうことになります。

そもそも日本のカリキュラムは、教科等ごとに構成されており、（先々のことはわかりませんが）少なくとも現時点ではその点に変更が加えられる動きはありません。「これからの授業はどうあったらよいか」についてもさまざまな議論がありますが、どのような議論であっても、教科等ごとにしっかりとステップを刻み、地に足をつけて検証しながら進んでいかないと、「活動あって学びなし」と揶揄された一昔前の状況に逆戻りする懸念すらあります。

保護者のニーズから考える

小学校の校長先生方と話をしていると、「保護者から寄せられる要望」が話題にのぼることがあります。

資料5　学校教育に対する保護者の意識調査　2018（調査概要）

調査概要

●調査テーマ　保護者の学校教育に対する意識
●調査方法　学校通しによる家庭での自記式質問紙調査（子どもを経由した配布・回収）
●調査対象　全国の公立の小２生・小５生、中２生をもつ保護者
●調査時期・対象

	2004年調査	2008年調査	2013年調査	2018年調査
調査時期	2003年12月～2004年1月	2008年3月	2012年11月～2013年1月	2017年12月～2018年1月
有効回収数	6,288名（配布数8,503名、回収率74.0%）	5,399名（配布数6,901名、回収率78.2%）	6,831名（配布数8,766名、回収率77.9%）	7,400名（配布数9,079名、回収率81.5%）
協力校	公立小学校26校、公立中学校20校	公立小学校21校、公立中学校19校	公立小学校28校、公立中学校25校	公立小学校28校、公立中学校26校

※協力校の選定においては、経年比較の観点から前回までに協力いただいている学校と同じ学校に協力を依頼し、どうしても協力を得られなかった場合は、できるだけ近隣にある類似の条件の学校を代替校とした。

対象学年の人数

	全体	小2生	小5生	中2生	学年不明
2004年	6,288	2,038	2,068	2,120	62
2008年	5,399	1,621	1,727	1,972	79
2013年	6,831	1,993	1,945	2,843	50
2018年	7,400	2,282	2,103	3,015	0

※ベネッセ教育総合研究所による朝日新聞社共同調査「学校教育に対する保護者の意識調査 2018」

なかには、「うちの子をあの子と遊ばせないようにしてほしい」とか、「今ダイエット中なので、うちの子だけ給食の量を減らしてほしい」などといった、対応がきわめて困難な要望もあるようで、教職員のみなさんのご苦労が忍ばれます。

その一方で、先生方の日々の努力が、保護者に少しずつ認められていることが、最近の調査から確認できます（**資料5**のよ

資料6　学校に対する総合満足度（全体／学校段階別・経年比較）

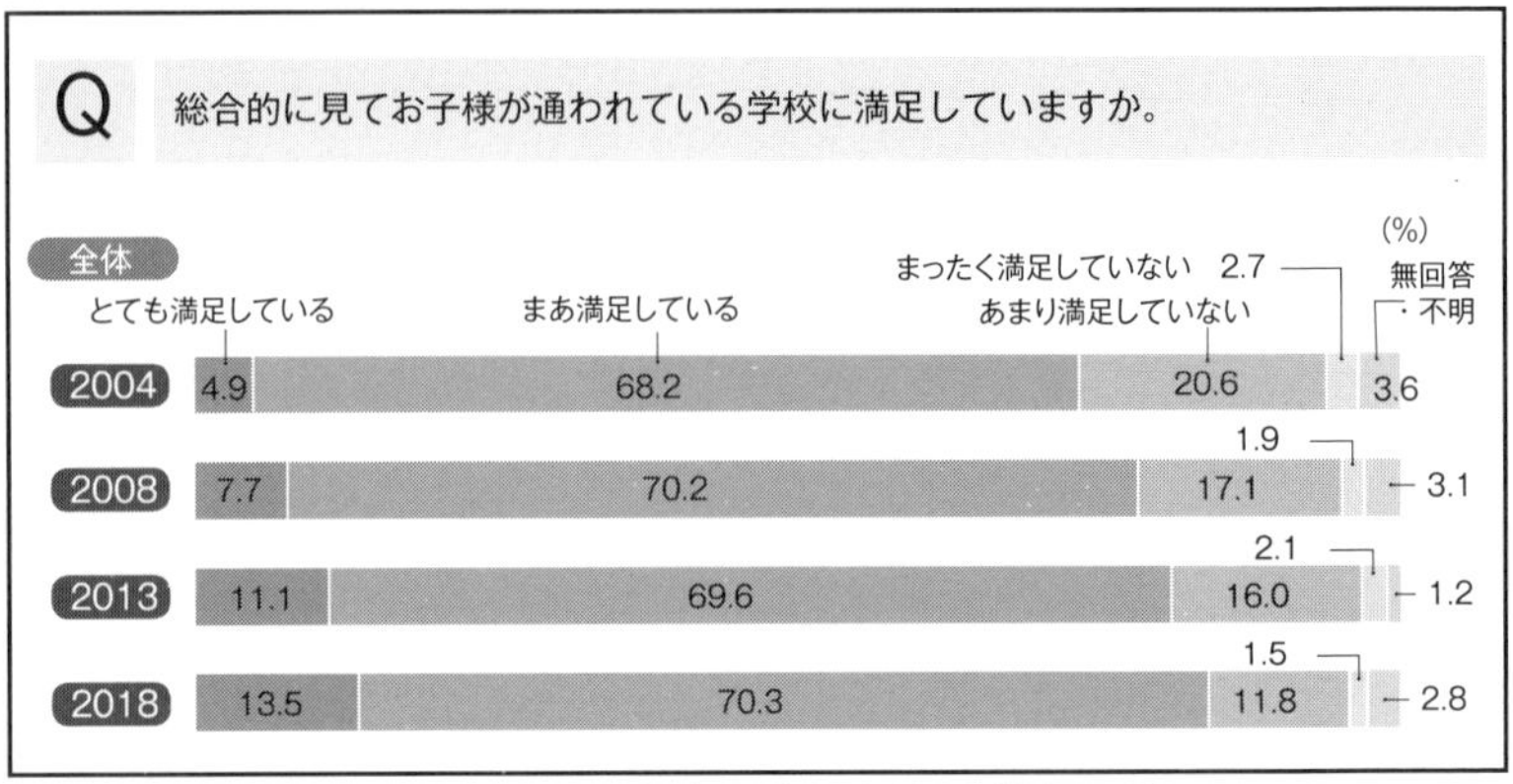
Q
総合的に見てお子様が通われている学校に満足していますか。
(%)
全体
とても満足している
まあ満足している
まったく満足していない　2.7
あまり満足していない
無回答・不明
2004
4.9
68.2
20.6
3.6
2008
7.7
70.2
17.1
1.9
3.1
2013
11.1
69.6
16.0
2.1
1.2
2018
13.5
70.3
11.8
1.5
2.8

※ベネッセ教育総合研究所による朝日新聞社共同調査「学校教育に対する保護者の意識調査 2018」

うな保護者への意識調査の経年変化です）。

例えば、**資料6**のグラフを見ると、学校に対する保護者の満足度は年々上がっていることがわかります。

小・中学校別に見ても**資料7**のとおりです。

教科指導についても、満足度は上がっているようです。先生方の授業改善への意識の高まりや努力の成果だと言えるでしょう（**資料8**）。

その一方で、**資料9**に示した調査データからは、保護者が「これから求められる教育の方向」にも関心を高めていることもわかります。

すなわち、多くの保護者は現在進んでいる授業改善の方向をおおむね肯定的に捉えているということです。裏を返せば、教師がいくら「知識を教えることこそ一番大事だ」などと叫んだとしても、保護

資料7　学校に対する総合満足度（小・中学校別）①

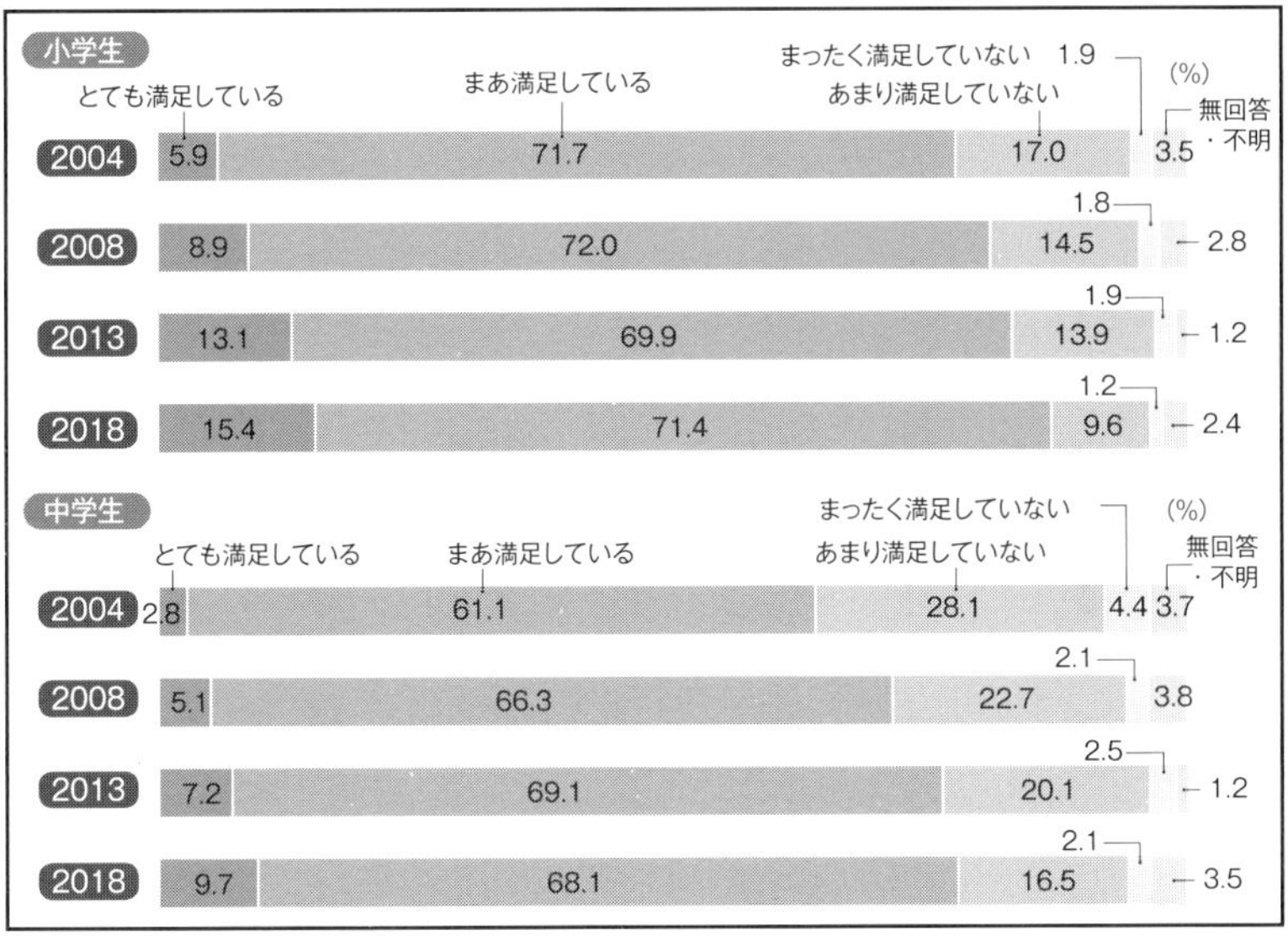
小学生
とても満足している
まあ満足している
まったく満足していない
あまり満足していない
(%)
無回答・不明
2004　5.9　71.7　17.0　1.9　3.5
2008　8.9　72.0　14.5　1.8　2.8
2013　13.1　69.9　13.9　1.9　1.2
2018　15.4　71.4　9.6　1.2　2.4
中学生
とても満足している
まあ満足している
まったく満足していない
あまり満足していない
(%)
無回答・不明
2004　2.8　61.1　28.1　4.4　3.7
2008　5.1　66.3　22.7　2.1　3.8
2013　7.2　69.1　20.1　2.5　1.2
2018　9.7　68.1　16.5　2.1　3.5

※ベネッセ教育総合研究所による朝日新聞社共同調査「学校教育に対する保護者の意識調査 2018」

資料8　教科指導に対する総合満足度（小・中学校別）②

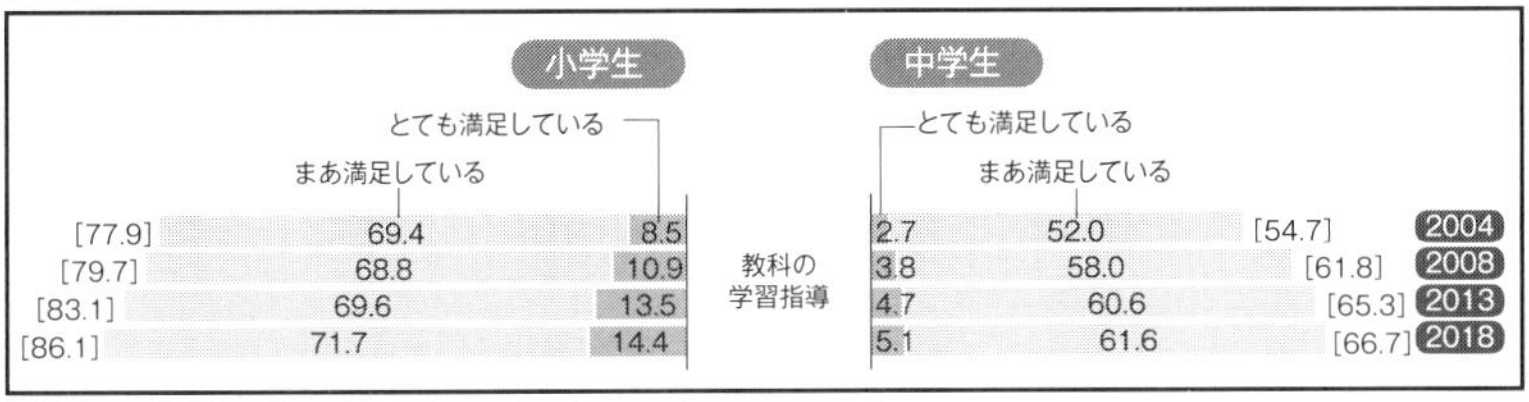
小学生
中学生
とても満足している
まあ満足している
教科の学習指導
[77.9]　69.4　8.5　2.7　52.0　[54.7]　2004
[79.7]　68.8　10.9　3.8　58.0　[61.8]　2008
[83.1]　69.6　13.5　4.7　60.6　[65.3]　2013
[86.1]　71.7　14.4　5.1　61.6　[66.7]　2018

※ベネッセ教育総合研究所による朝日新聞社共同調査「学校教育に対する保護者の意識調査 2018」

資料9　教科指導に対する総合満足度（小・中学校別）③

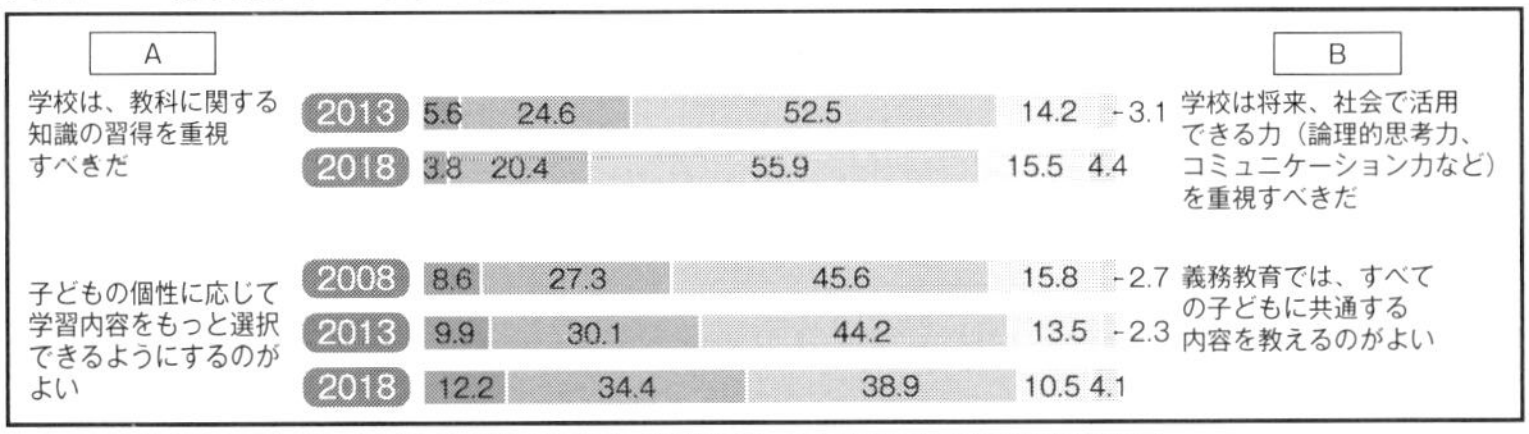
A
学校は、教科に関する知識の習得を重視すべきだ
2013　5.6　24.6　52.5　14.2　3.1
2018　3.8　20.4　55.9　15.5　4.4
B
学校は将来、社会で活用できる力（論理的思考力、コミュニケーション力など）を重視すべきだ
子どもの個性に応じて学習内容をもっと選択できるようにするのがよい
2008　8.6　27.3　45.6　15.8　2.7
2013　9.9　30.1　44.2　13.5　2.3
2018　12.2　34.4　38.9　10.5　4.1
義務教育では、すべての子どもに共通する内容を教えるのがよい

※ベネッセ教育総合研究所による朝日新聞社共同調査「学校教育に対する保護者の意識調査 2018」

者のほうは「これからも授業が変わることを望んでいる」ということです。

教師に求められている資質・能力から考える

資料10は、中央教育審議会答申で示された「Society5.0時代における教師及び教職員組織の在り方」の記述です。

これまでの教育改革や授業改善に対する風潮を踏まえれば自然な提言ではあるのですが、不易の事柄のみならず、ファシリテーション能力やICT及び情報活用能力、変化への対応力、人材ネットワークの形成力などといった多様な資質・能力を兼ね備えることが求められています。

ただし、これらの資質・能力は、一人一人の教師が経験や研修を重ねながら徐々に身に付けていくものです（今現在、すべてを備えていなければ教員失格だというわけでは断じてありません）。そうであるにもかかわらず、教育現場では、これらの資質・能力向上に必要な経験を重ねていく余裕がなく、「目の前の課題対応に追われてそれどころではない」という現実があります（**資料11**）。

資料10　Society5.0時代における教師及び教職員組織の在り方

【基本的な考え方】

・教師に求められる資質・能力は、これまでの答申等においても繰り返し提言されてきたところであり、例えば、使命感や責任感、教育的愛情、教科や教職に関する専門的知識、実践的指導力、総合的人間力、コミュニケーション能力、ファシリテーション能力などが挙げられている。

・AIやロボティクス、ビッグデータ、IoTといった技術が発展したSociety5.0時代の到来に対応し、教師の情報活用能力、データリテラシーの向上が一層重要となってくると考えられる。

・教師や学校は、変化を前向きに受け止め、求められる知識・技能を意識し、継続的に新しい知識・技能を学び続けていくことが必要であり、教職大学院が新たな教育課題や最新の教育改革の動向に対応できる実践力を育成する役割を担うことも大いに期待される。

・多様な知識・経験を持つ人材との連携を強化し、そういった人材を取り込むことで、社会のニーズに対応しつつ、高い教育力を持つ組織となることが必要である。

※中央教育審議会答申「『令和の日本型学校教育』の構築を目指して～全ての子供たちの可能性を引き出す、個別最適な学びと、協働的な学びの実現～」(令和３年１月26日)

資料11　教師の指導や学級経営に関する考え

●調査時期

2021年８月末～９月中旬

●調査対象

全国の公立の小学校・中学校の教員

【小学校】ご協力いただいた学校 737校、教員 2,125名

【中学校】ご協力いただいた学校 719校、教員 2,264名

※小学校は、学級担任をしている教員、中学校は、国語・社会・数学・理科・外国語のいずれかを担当している教員を調査依頼対象としている。

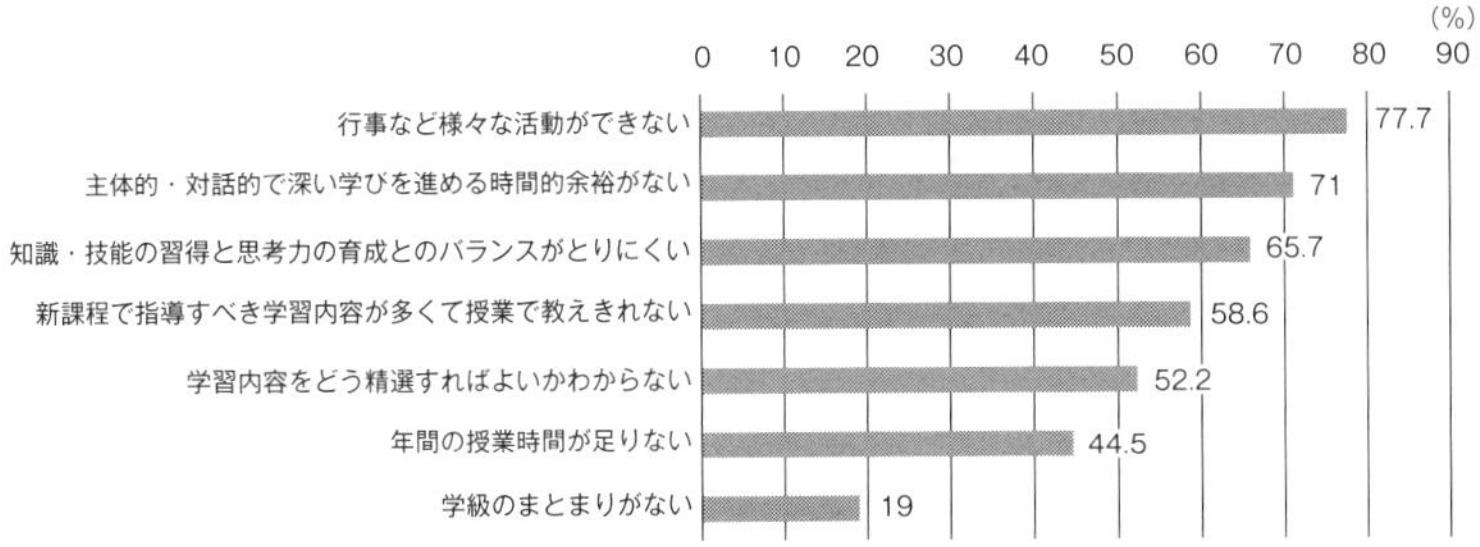

※「小・中学校の学習指導に関する調査 2021」より

勤務実態調査結果から考える

少し細かい資料になりますが、先日報告された「教員勤務実態調査（令和4年度）の集計（速報値）について」（**資料12**）も見ておきたいと思います。

資料13の結果から私は、（枠組みの太線が記入されているのは、文部科学省による説明の都合でしょうが、私はそこではなく）「授業準備」と「校内研修」に当てる時間が減少している点に注目しています。

全体としての「在校等時間」については、小・中学校ともに30分程度減少しているので、それに伴って「授業準備」と「校内研修」の時間も減少していると考えることもできるのですが、授業や学習指導（授業時間外の子供への指導を指す）の時間が増えていることと関連付けて考えれば、課題点として指摘できるのではないかと思うのです。

資料12　教員勤務実態調査（令和4年度）
の集計（速報値）

	学校数合計	教員数合計
小学校	1,191校	17,762人
中学校	1,186校	17,477人
高等学校	299校	6,939人

※「教員勤務実態調査（令和4年度）の集計（速報値）について」（文部科学省初等中等教育局、令和5年4月28日）より

資料13　教諭の１日当たりの在校等時間の内訳（平日）

（時間：分）

平日（教諭のみ）	小学校			中学校		
	平成28年度	令和4年度	増減	平成28年度	令和4年度	増減
朝の業務	0:35	0:41	+0:06	0:37	0:44	+0:07
授業（主担当）	4:06	4:13	+0:07	3:05	3:16	+0:11
授業（補助）	0:19	0:20	+0:01	0:21	0:23	+0:02
授業準備	1:17	1:16	−0:01	1:26	1:23	−0:03
学習指導	0:15	0:21	+0:06	0:09	0:13	+0:04
成績処理	0:33	0:25	−0:08	0:38	0:36	−0:02
生徒指導（集団）	1:00	0:59	−0:01	1:02	0:54	−0:08
うち、生徒指導（集団１）	−	0:56	−	−	0:49	−
うち、生徒指導（集団２）	−	0:02	−	−	0:05	−
生徒指導（個別）	0:05	0:04	−0:01	0:18	0:14	−0:04
部活動・クラブ活動	0:07	0:03	−0:04	0:41	0:37	−0:04
児童会・生徒会指導	0:03	0:02	−0:01	0:06	0:05	−0:01
学校行事	0:26	0:15	−0:11	0:27	0:15	−0:12
学年・学級経営	0:23	0:19	−0:04	0:37	0:27	−0:10
学校経営	0:22	0:17	−0:05	0:21	0:17	−0:04
職員会議・学年会などの会議	0:20	0:19	−0:01	0:19	0:18	−0:01
個別の打ち合わせ	0:04	0:05	+0:01	0:06	0:06	±0:00
事務（調査への回答）	0:01	0:04	+0:03	0:01	0:04	+0:03
事務（学納金関連）	0:01	0:01	±0:00	0:01	0:01	±0:00
事務（その他）	0:15	0:15	±0:00	0:17	0:17	±0:00
校内研修	0:13	0:09	−0:04	0:06	0:04	−0:02
保護者・PTA対応	0:07	0:06	−0:01	0:10	0:09	−0:01
地域対応	0:01	0:00	−0:01	0:01	0:00	−0:01
行政・関係団体対応	0:02	0:01	−0:01	0:01	0:01	±0:00
校務としての研修	0:13	0:08	−0:05	0:12	0:09	−0:03
会議	0:05	0:03	−0:02	0:07	0:05	−0:02
その他の校務	0:11	0:08	−0:03	0:10	0:09	−0:01

※在校等時間については、小数点以下を切り捨てて表示。　※平成28年度比で5分以上増減のあるものについて枠囲いをしている。
※「教諭」について、主幹教諭・指導教諭を含む。　※令和５年４月28日・文部科学省 初等中等教育局

　また、コロナ禍の残礁とも言うべきか、出張扱いで他校の研究会に参加しにくい状況があることや、土日などに設定されていた自主研修会（勉強会）への参加も少なくなっているといった話も耳にします。

　こうした点からも、教師一人一人の心情としては「自分の資質・能力はぜひとも向上したい。けれど、なかなかそうできない、機会も少ない」といった課題が浮かび上がるように思います。

　では、こうしたジレンマや課題をどうやって乗り越えていけばよいのでしょうか。次章からそのための具体策を論じていきたいと思います。

第1章

校内研究について知っておきたいこと

校内研究は教師の学ぶ権利

（序章で述べた背景を踏まえ）本章では「そもそも校内研究とはなにか」「どのような特徴や構造をもっているか」「校内研究に目を向けることの価値や可能性」について述べていきます（法令上「研究と修養」を合わせて「研修」と称しますが、本書は「授業研究を通した授業改善の薦め」を趣旨としていることから、「校内研究」という文言で統一します）。

まずは基本に立ち返るつもりで、研修に関する根拠法令を挙げておきましょう。

教育基本法第９条　法律に定める学校の教員は、自己の崇高な使命を深く自覚し、絶えず研究と修養に励み、その職責の遂行に努めなければならない。

２　前項の教員については、その使命と職責の重要性にかんがみ、その身分は尊重され、待遇の適正が期せられるとともに、養成と研修の充実が図られなければならない。

教育公務員特例法第22条　教育公務員には、研修を受ける機会が与えられなければならない。

このことからもわかるとおり、「研究と修養」は、教育公務員に課せられた義務であるだけでなく権利であり、教師が学ぶ機会そのものです。そのため、勤務時間中に行うことが保証されており、「教師自身が学びを深める業務だ」とも言えるでしょう。

校内研究は、各学校で定める研究主題に迫るために、ある教師が授業を公開し、それを基にして指導のあり方や具体策、子供の学びの姿などについて協議するスタイルが一般的です。言わば、先生方が一堂に会して対話的に学ぶ実践的な授業研究だと考えることができます。

校内研究はオンリーワンの研究

校内研究は（近年は小・中学校連携、地域ブロック連携で行う取組なども見られるようになりましたが）学校単位で行われることが多く、当該校に学籍を置く子供たちを対象にした教育活動を通じて研究を進めていきます。そのため、（理論研究だけでなく）授業を軸にした「実践的な研究」であり、目の前の子供たちの変容する姿で成果や課題を考察する「実証的な研究」でもあるといった性格を併せもちます。このことから、ほかでは代替できない「オンリーワンの研究である」とも言えるでしょう。

まず小学校では、自分が受けもつ学級で研究授業（研究するための材料として公開する授業）を行うことが多いため、日々の学級経営をベースとした授業研究がメインになるといった特徴があります。（中学校では、自分が授業を担当している学年で研究授業を行うことが多いため、必ずしも学級経営を話題にするとは限りませんが）いずれにしても、公開する授業が1単位時間であっても、単元等における指導の連続性、学習スタイルや学習集団の形成などがおのずと関連付けられることから、小・中学校ともに単発の研究ではなく「連続性のある研究」となる点に特徴があります。

組織構成の多様性

学校という組織には、経験1年目（初任）の教師もいれば、30年以上もの経験をもつ教師もいます。また、各学校に配置される教職員の種別や人数は、当該校に学籍を置く子供の数や学級数に応じて算定されます（義務教育標準法）。加えて、（一部の例外を除き、基本

資料1　教師の年齢構成の変化

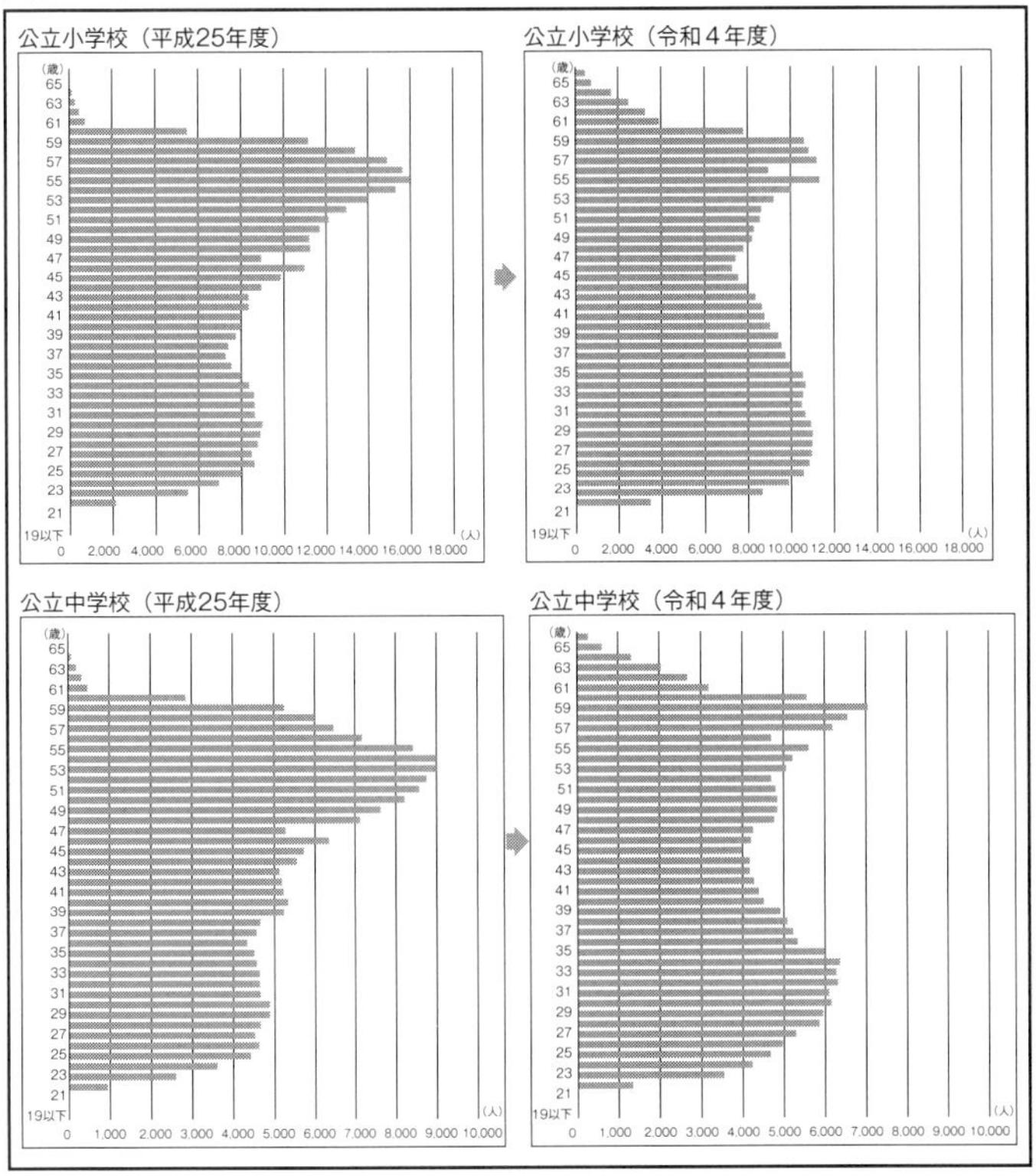
公立小学校（平成25年度）
公立小学校（令和４年度）
公立中学校（平成25年度）
公立中学校（令和４年度）
（歳）
（人）
19以下

※文部科学省「令和４年度学校教員統計調査（中間報告）」令和５年７月28日

的に）職員異動によって年齢構成も変動します。こうしたことから、各学校の組織構成については（地教行法第39条に基づく人事に関する意見具申権もあるものの）、学校（校長）の意のままにならないことも少なくありません。

資料1は、教師の年齢構成の変化を表すグラフですが、小・中学校ともに20代、30代の若手の教師が急増し、50代の教師と「ふたこぶらくだ」のような形状を描いていることがわかります。

学校組織は、異なる年齢構成の教師が共に同僚として力を合わせるという、民間企業ではあまり見られない特徴をもっています。校務分掌上、小学校は教科等の主任あるいは担当者として、中学校は教科ごとの指導担当として配置されるとともに、専門とする（あるいは得意とする）教科等もさまざまです。

こうした学校組織の特徴を生かすとすれば、どのような校内研究であればよいのでしょうか。詳しく考えてみる必要がありそうです。

校内研究の特徴と構造

国や教育委員会などからの指定を受けた学校や、数年かけて研究を継続している学校などでは、研究教科等や研究主題・テーマなどが前年度に決まっています。しかし、校内研究は本来、「毎年度、先生方同士で話し合い、どの教科等・テーマであってもよい」というのが原理・原則です。言わば教師の創意と総意で決められるのが校内研究であり、

資料2　校内研究の構造（例）

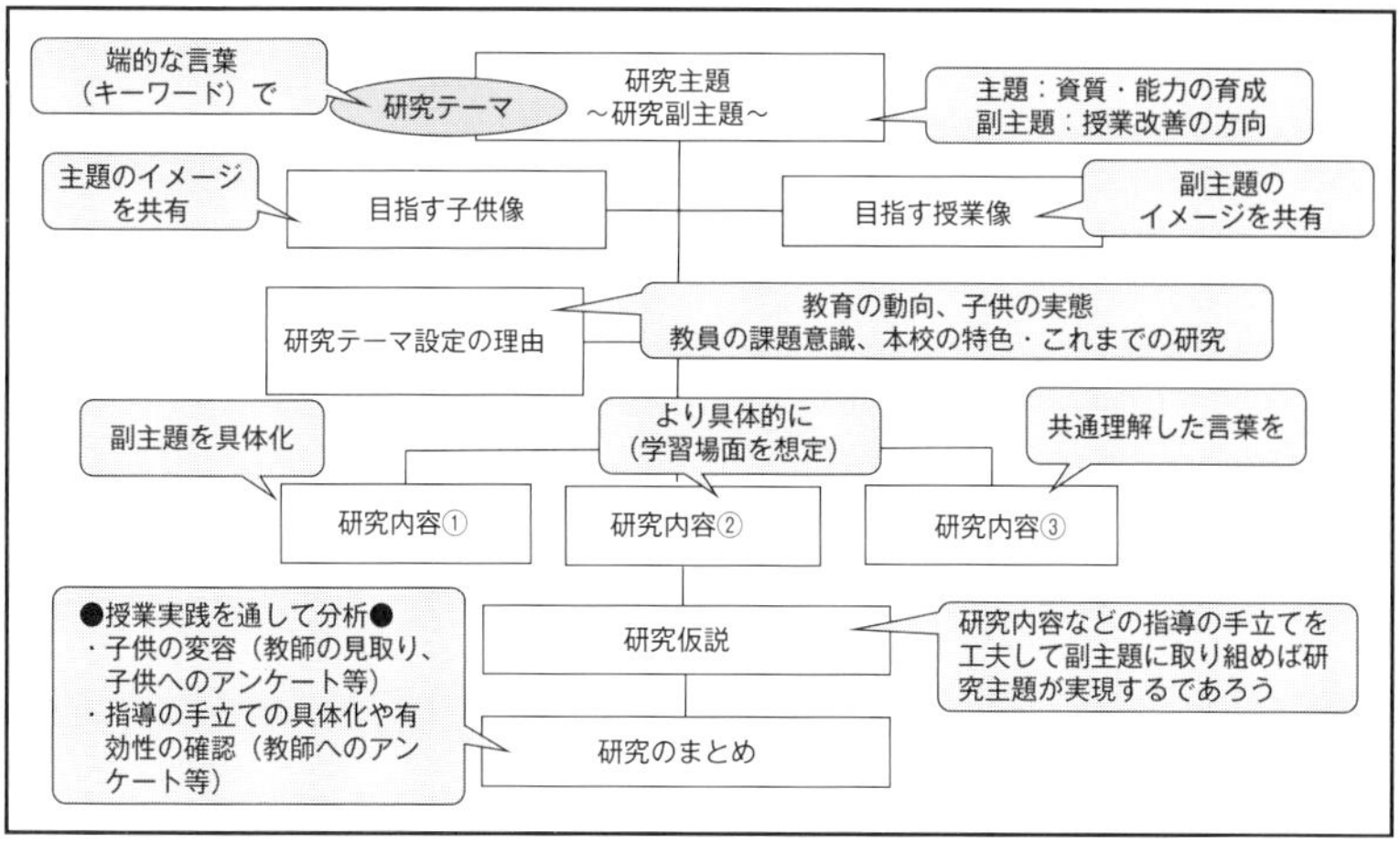

自由かつ民主的で柔軟さをもつという特徴があります。また毎年度、教科等や研究テーマを検討する学校においては、5月にスタートして2月にまとめに入る「およそ10か月の研究」となるのが一般的です。

こうした校内研究の内容構造を大まかに整理したのが**資料2**です。もちろん、自由で柔軟なのが校内研究ですから、あくまでも捉え方の例です。ここでは、この図をベースに、各要素ごとの内容や特徴を述べていきましょう。

(1) 研究テーマ（研究主題、研究副主題）

まず「研究テーマ」は、「研究主題」のみ設定する場合もありますが、「研究副主題」を加える場合もあります（後者のケースについては44頁で例示します）。この場合、例えば「研究主題」には育成を目指す資質・能力を掲げ、「研究副主題」には授業改善の方策を掲げる例が多く見られます。

例えば「研究主題」が「主体的に学ぶ子供の育成」であれば、「研究副主題」は「身近な教材や選択型の学習活動の工夫を通して」にするといった案配で、「なにを目指し（研究主題）」「なにをするのか（研究副主題）」を明確にするという構成です。

「育成を目指す資質・能力」といった教育界における動向に関するものだけではなく、本校の特色や研究実績、子供の実態、地域の特色などが掲げられることもあります。このうち、子供の実態については、よさと課題の双方を挙げる例が多く見られます。ほかにも、教師の課題意識を掲げる場合もありますが、これは所属する教師の研究に対する意向や子供の実態に関する理解状況が校内研究のテーマや方向性に大きな影響を与えることを勘案してのことでしょう。

加えて、「研究テーマ」は簡潔な文言で表現される（抽象度が高くなる）ことから、話し合いなどを通して「目指す子供像」や「目指す授業像」を具体的に示す例も多く見られます。

(2) 研究内容

「研究内容」には、「研究副主題」に示した授業改善の方向や手立てをより具体化したもの、すなわち「授業改善のための具体策」が明示されます。それも、1つではなく研究内容①、②、③といったように、複数の内容が設定される例が多く見られます。

⑶ 研究仮説

「研究仮説」については、省略されることも多いようです。「研究内容①、②、③などにおける指導の手立ての具体策を工夫し、『研究副主題』に書かれた授業改善に取り組めば、『研究主題』に書かれた子供が育つであろう」などと研究構想をなぞるような仮説であれば、あまり意味をなさないからです。

⑷ 研究のまとめ

「研究のまとめ」は、「どのような方法」「どのような形式」でまとめるかについて書く項目です。研究したからといって、子供の学力の変容が即座に現れるものではなく、そもそも見えにくいものなので工夫が必要です。

こうしたことから近年、子供たちに対するアンケート調査を、例えば4月と12月の2

回に分けて実施し、授業への取組姿勢や意識の変容を分析してグラフ等にまとめるといった取組が多く見られます。また、教師側の視点として「取り組んでみて難しかったこと」「やりたかったけど、今年度はできなかったこと」などを課題として挙げる例もあります。

いずれにしても、こうした大まかなまとめは、「研究仮説を設定して検証する」といった緻密な研究とは言い難いことから、（前述したように）仮説が設定されないことのほうが多いのですが、私はそれでよいのではないかと思います。

校内研究は、共通の目的やイメージをもち、全教師一丸となって取り組めばいい、そうできれば結果として個々の教師の授業改善が進み、子供の学力は伸びていく。そう考えるほうが、難しい理屈・理論に振り回されずに済むと思うからです。研究のまとめについては、できることなら、「研究テーマを設定して校内研究に取り組んだ結果、研究内容を越えて教師も子供も育った」と言いたいところです。

教師一丸となって校内研究を進めていければ、研究テーマに迫る研究を推進する過程で、教師はいつも以上に教育活動に対する意識を高くもつようになり、子供に関わる（指導する）ようになります。こうした有形無形の指導改善のすべてが、子供によき変化をもたらすのです。

資料3　校内研究の組織図：学年分担型

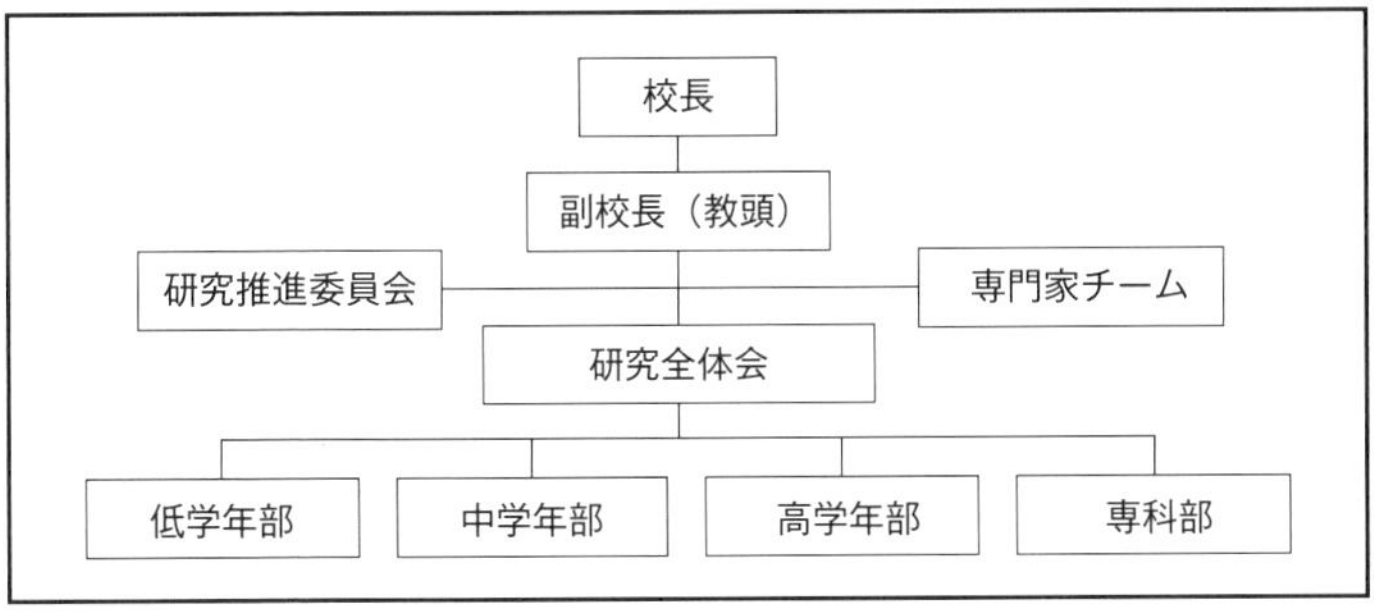

研究テーマにせよ研究内容にせよ、教育活動を充実するための手段の一つです。重要なのは、校内研究ありきではなく、教師の意識に変化が生まれ、子供に対する日々の関わりがよりよくなることであり、それこそが研究成果の真実だと思います。

校内研究の組織

校内研究は、文字どおり校内の先生方が一丸となって授業改善に挑むチャレンジであり、組織図一つとってもさまざまな形態があります。

⑴　学年分担型の組織図

一般的に考えられるのは、**資料3**のように学年部で構成する組織です。

小学校においては、生活科や社会科、理科、外国語活動など、

資料4　校内研究の組織図：作業内容分担型

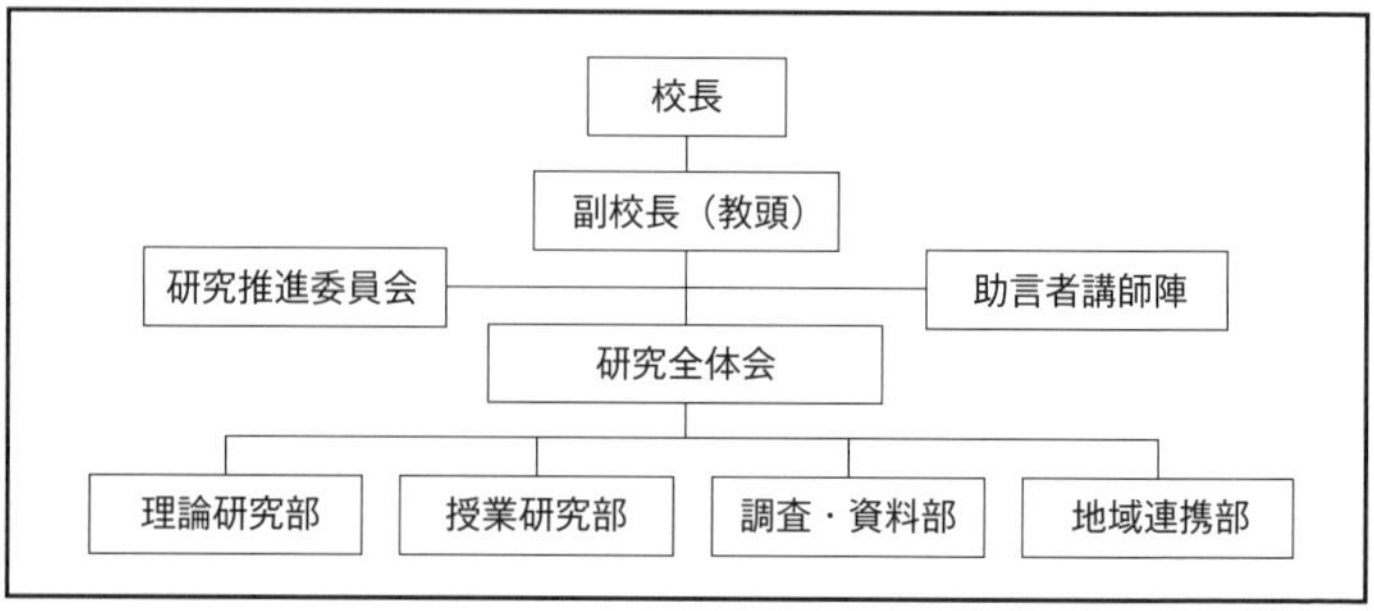

学年によって実施される教科等が異なることもあり、実際的な組織であると考えられます。中学校においても1年部、2年部、3年部の学年部に分かれる例が見られます。小・中学校ともに特別支援学級を「○○学級部」などと加えている例も多くあります。

(2)　作業内容分担型の組織図

資料4は、研究を進める際の作業を「理論研究」「授業研究」などと分ける組織です。

研究内容を分けて「環境教育部」「国際教育部」などとする例もあります。全教師が一人一役となる点で全員参加型にしやすくなります。研究全体会では、それぞれの部から取組報告が行われます。

また、「地域連携部」などが、授業に協力いただける人材ストックをまとめたり、地域の資源や教材になりそうな場所

資料5　校内研究の組織図：中学校の全員参加型

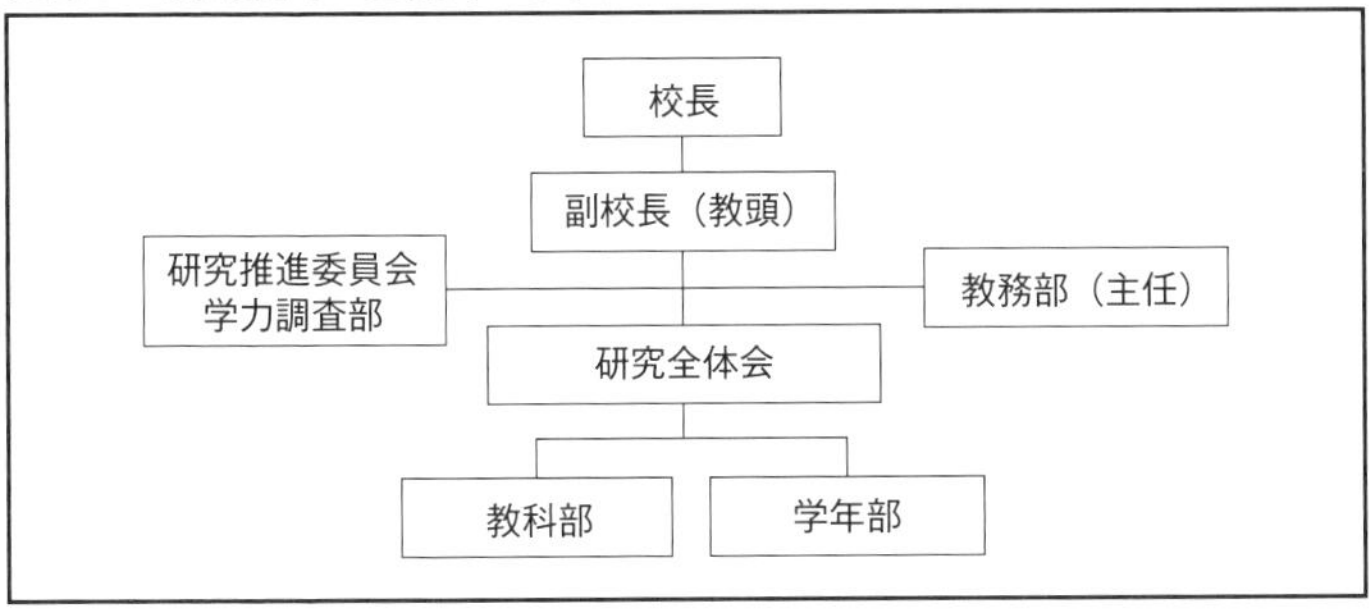

や施設をマップにまとめたりして、研究を支援している例もあります。

(3) 中学校の全員参加の組織図

中学校の場合は、学年部で構成する組織に加えて教科部で構成する組織が考えられます。**資料5**はその双方に位置付くように構成した組織図の例で、この形態は柔軟に部会を開催できるという特徴があります。

こうしたことから、研究会の日程を設定したり時間割を設定したりするといった重要な役割に教務主任が位置付けられる例も多く見られます。

加えて、国や自治体の学力調査の結果を分析して報告するといったことも重要になってくるので、そのための部が設けられる例もあります。

資料６　校内研究の組織図：動的な研究組織図

月	提案	研究推進委員会	学年部会	資料部会	研究全体会
5	理論	研究構想			○
6	授業		３年部会		○
7	資料			情報提供	学年部
8	演習 / 講演	研究内容			○
9	授業		４年部会		○
10	理論	中間検証		データ提供	学年部
11	授業		５年部会		○
12	授業		６年部会		○
1	理論	研究成果			○

(4)　動的な研究組織図

資料６のように、研究の進行状況（時間軸）に組織図を位置付けて動的に表す例もあります。このタイプの長所は、各自のやるべきことが明確になり、年間の見通しをもちやすくなる点にあります。

年度当初に決まらない場合は空欄にしておき、徐々に空欄を埋めていくことも考えられます。

ほかにも、組織内の相互のつながりや働きを矢印でつないで動的に表す組織図も見られます。

研究テーマはどのように決まるか

資料７と**資料８**は、首都圏にある４つの自治体

資料７　校内研究キーワード（小学校）

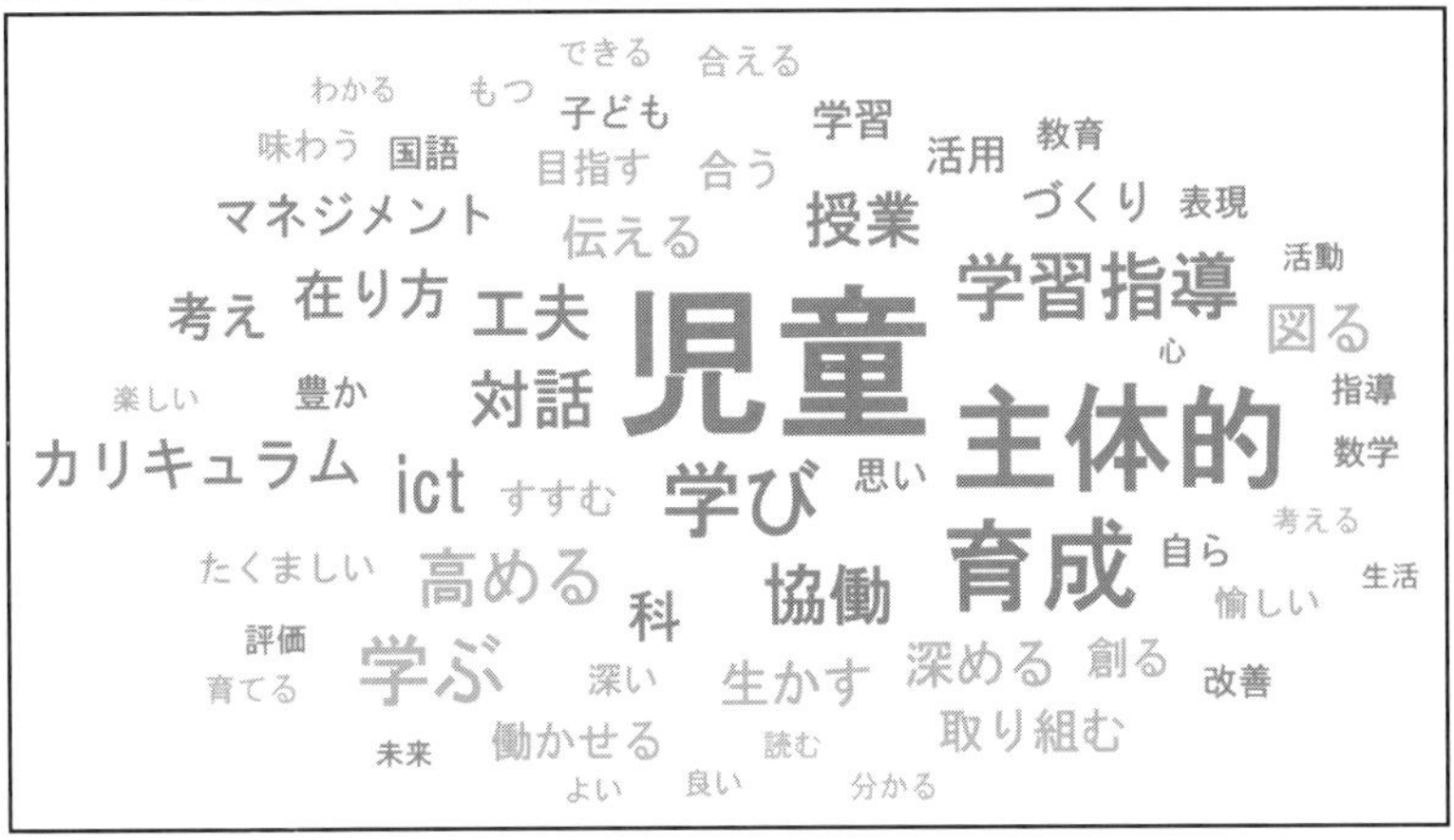

＊調査時期：令和６年３月、情報提供校：小学校 71 校
※ユーザーローカル AI テキストマイニングによる分析（https://textmining.userlocal.jp/）

資料８　校内研究キーワード（小学校）

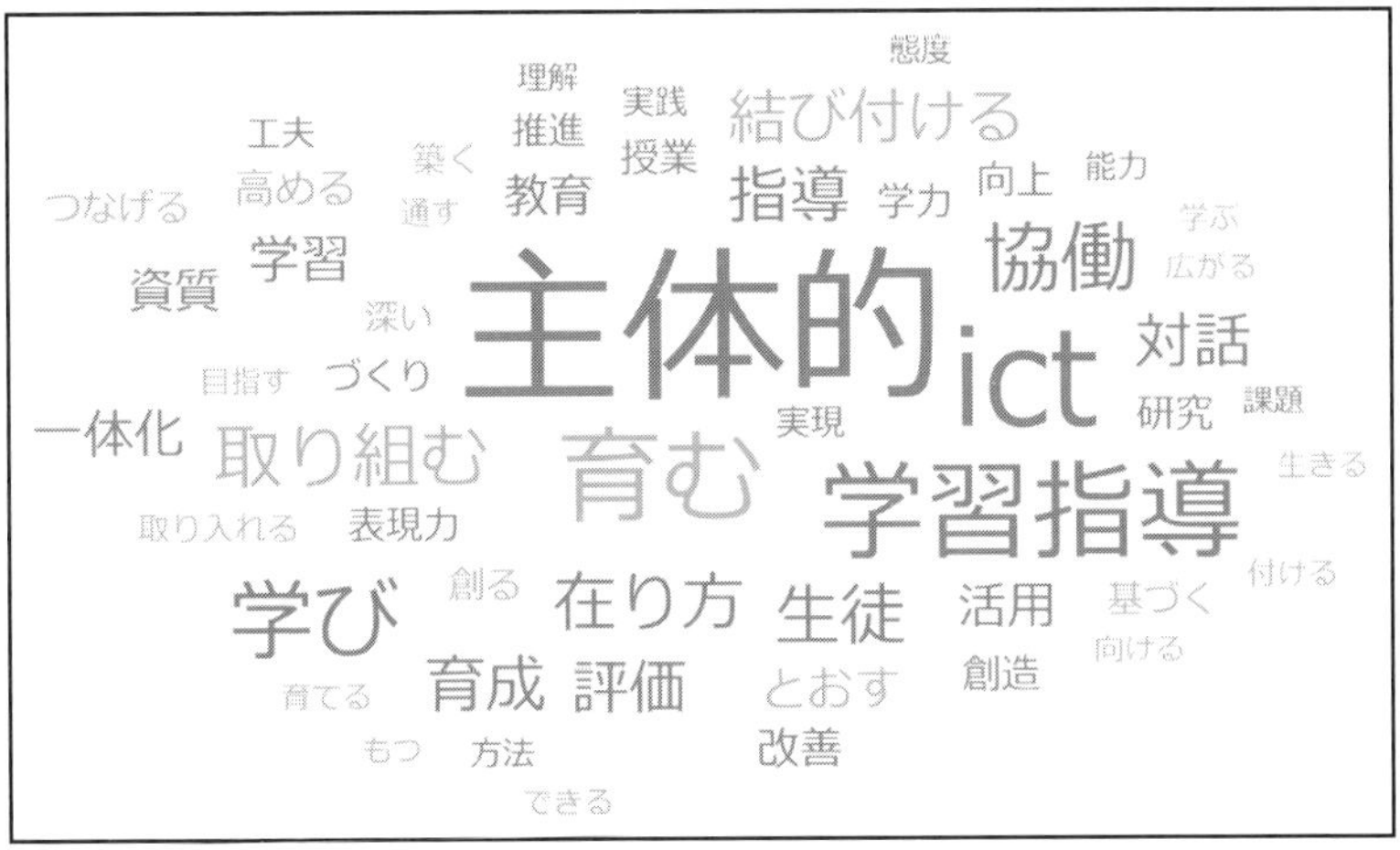

＊調査時期：令和６年３月、情報提供校：中学校 31 校
※ユーザーローカル AI テキストマイニングによる分析（https://textmining.userlocal.jp/）

に協力いただいて集めたデータを活用し、各校の研究テーマや教科等に含まれるキーワードの出現頻度を分析した「テキストマイニング」です（資料7が小学校、資料8が中学校）。

小・中学校ともに「主体的」「協働」といったキーワードが多いことがわかります。特に中学校のほうには「主体的」「ＩＣＴ」というキーワードの出現頻度が高いのが注目点です。こうしたことから、生徒が主体的に学ぶことを重視し、タブレット等の端末を活用しようとしている姿が浮かび上がってきます。

資料9は、研究対象とする教科等の数を集計したものです。

資料9　研究対象とする教科等

【小学校】	全教科等 31 校（＊特定せずを含む）	
	国語	16校
	算数	8校
	生活・総合	5校
	体育	5校
	特別活動	5校
	社会	3校
	理科	2校
	図工	2校
	道徳	2校
	家庭	1校
【中学校】	全教科等または特定せず　31 校	

中学校は教科担当制であることから、全校を挙げて校内研究を推進するといったときに対象教科等を絞ることが難しいとされてきましたが、小学校においても全教科等で取り組む学校が多い（半数弱）点が注目に値します。

このような結果になった背景には、昨今の教育改革の影響があると思われます。つまり、「主体的・対話的で深い学び」「ＩＣＴの活用」「個別最適な学びと協働的な学び」などいった、教科等を問わず求められる教育課題や教科等横断的な授業改善への求めに、各学校が正対していることの表れなのでしょう。こうしたことをポジティブに捉えれば、中学校おいても授業改善にフォーカスした校内研究を進めやすくなったといえるのではないでしょうか。

ちなみに、各学校の「研究テーマ」（研究主題、研究副主題）をそのまま抜き出し、テンプレート化してまとめると次のようになります。

①研究主題の例

［子供の姿やその育成を表現するバージョン］

●主体的に学ぶ子供の育成
●互いの考えを伝え合い学び合う子供の育成
●わかる・できる喜びを味わい主体的に取り組む子供
●社会とつながり未来を創る子供
●論理的に考え工夫して表現する子供の育成

●豊かな心と健やかな体の育成
●よりよい人間関係を築き自己有用感を高める子供の育成

［教育課題を入れて表現するバージョン］

●未来を生き抜く情報活用能力の育成
●防災教育を通して主体的に行動できる子供の育成
●SDGsカリキュラムの検討と創造
●教育効果を高めるためのＩＣＴ活用のあり方
●ＵＱを活用した学級経営の追究
●子供に生きるキャリア教育の充実

②研究副主題の例

［指導改善の手立てを表現するバージョン］

●ＩＣＴ機器を活用した指導法の工夫を通して
●振り返り活動の工夫と学習評価の工夫を通して
●個別最適な学びと協働的な学びの手立てを工夫して

●授業力を高め合う学年体制を活用して
●一人一台端末の活用とデジタルシチズンシップ教育を通して
●自分の考えを伝え合う対話的な活動の工夫を通して
●学習評価からの授業改善を通して
●主体的に学習に取り組む態度の見取りを工夫して

［教科、領域、分野などを入れて表現するバージョン］

●国語科「読むこと・聞くこと」の指導を通して
●数学的活動を通して
●造形的な見方・考え方を働かせる授業づくり
●カリキュラム・マネジメントを生かして
●避難訓練の改善から学ぶ
●総合的な学習の時間の指導方法と評価方法の研究を通して

こうして並べて見ると、研究主題は「育成を目指す資質・能力」、研究副主題は「授業改善の方向や手立て」といったように、大まかに分けて設定している学校が多くあるものの、必ずしも明確な区分はないこともわかります。また、そもそも研究副主題を設定しない学校もあります。

いずれにしても、「なにをどのように研究していくのか」をすべての教師が共通理解し、組織一丸となって進められるような「わかりやすい研究テーマにすること」がポイントであるように感じます。

第2章

校内研究が思うようにいかないのはなぜか

校内研究そのものは、ほぼどの学校でも取り組まれているものですが、研究主任をはじめとして推進役の先生からこんな声が聞かれることがあります。

「なかなか先生方がまとまらない」

「研究がうまく進んでいるように感じられない」

多くの先生方はなぜ、〝思うようにいかない〟と感じているのでしょう。本章ではその要因について考えていきたいと思います。

多忙感が先に立つ雰囲気がある

まず挙げられるのが、「多忙感が先に立つ雰囲気があると、校内研究への先生方のモチベーションが上がらないと感じられる」というものです。

学校組織は年齢構成が多様であるだけでなく、分掌される役割や得意・不得意なども千差万別な先生方によって構成されるので、（前章で述べたことと矛盾するようなことをあえて言いますが）「教師全員が一丸となって」という雰囲気を醸成しにくい職場です。

加えて、仕事量が膨大かつ職務内容も多岐にわたることから、「自分の仕事で手一杯」

などと感じている先生方もいるでしょう。殊に、生徒指導や部活動に多大の時間と労力を割かなければならない中学校では、「ただでさえ忙しいというのに、なぜ校内研究のために仕事を増やさないといけないのか」といった思いをもっているのかもしれません。

実際、働き方改革は、なんとしても実現しなければならない教育現場における喫緊の課題です。そこで（口幅ったくもありますが）文部科学省が説明する「働き方改革」の一説を紹介したいと思います。

文部科学省では、教師のこれまでの働き方を見直し、自らの授業を磨くとともに、その人間性や創造性を高め、子供たちに対して効果的な教育活動を行うことができるようにすることを目的として、学校における働き方改革を進めております。

端的に説明されているとおり、授業力などを磨くための時間をつくり出すことを目的として業務を効率化しようとしているのが、文部科学省が掲げる働き方改革です。

ただ、教師が携わるすべての業務を即座に効率化できるわけではありません。それに、授業を通じて子供たちの成長を後押しすることが教師の本分である以上、柔軟な発想で事に臨む必要があると思うし、そうした観点から指摘したいのが、学習指導と生徒指導との関係です。

よくこんな話を聞くことがあります。

「子供たちが意欲的に学んでいる学校では、生活指導上の問題が起きにくい」

これは、全校を挙げて先生方が授業改善に取り組んだ結果、子供たちの知的好奇心がかき立てられ、学ぶことの楽しさ・おもしろさを知った子供たちは落ち着いてくるという話です。つまり、「学習指導と生活指導は密接に結びついている」ということです。

この話を裏返せば、**学級が荒れる、あるいは生活指導上の問題が常態化するのは、（身も蓋もない言い方になりますが）授業がつまらないから**です。それがすべてとは言いませんが、主たる要因の一つであることは間違いないでしょう。

子供たちの学校生活のほとんどを占めるのが授業です。それが退屈きわまりないものであれば、教師に対してネガティブな思いをもつようになるのは想像に難くありません。そうした不満はやがて、目には見えないガスになって教室に立ちこめてしまうのです。

学級担任制である小学校であればなおのこと、そうしたリスクが高いと言えるでしょう。

厳しさを好まない風潮がある

行く先々の学校で研究協議会の様子を見ていて感じることがあります。それは、先生方の発言が感想めいたものに終始していることです。その傾向は年々強まっているように感じます。

〝あまり厳しく言うと…〟〝自分でもうまくできないのに…〟などと配慮や遠慮が先立つのかもしれません。あるいは、職員室などでも雑談めいた調子で語り合うといった余裕がないからかもしれません。忙しそうにしている年の離れたベテランには話しかけにくいといったこともあるでしょう。いずれにしても、授業や子供たちの様子について、お互いに胸襟を開いて語り合う機会の少なさが、右に挙げた過度の配慮や遠慮につながってしまっているようにも感じます。

ただ、どのような理由があるにせよ、教師である以上、プロの教育者として子供の前に立ち、責任をもって指導に当たらなければなりません。そう考えれば、立場や教職年数の多寡によらず、誰もがフラットな関係性のなかで忌憚なく論じ合い、職業人として自分の腕を磨き上げていかなければならないはずです。

ずいぶん昔のことですが、教師になって間もないころの私は、我流で授業をしていました。教科書に載っている資料を指し示しては「これはいったいなんだ？」と問うと、子供たちがなにかしら発言してくれたから、それなりにおもしろい授業をしている気になっていました。

しかし、それが一転します。他校の教師の授業を見たときです。自分が日々行っていた授業とはまったく違う、子供たちの本物の学びの姿がそこにはありました。

〝私の授業を受けている子供たちは、なんて不幸なんだろう〟

この思いが、後に研究会に参加したり研究授業を率先して行ったりする原動力になったのです。

授業研究に対する厳しさは子供たちのためです。そう心することが、いつの時代であってもブレてはならない、教師としての軸を支えるのです。

職人気質をはき違えた教師がいる

教師は、自信や誇りをもつべき存在です。それらなくして、子供の前に立ち責任をもって指導に当たることはできません。その一方で、自信や誇りが一人歩きしてしまうと、道を誤ることもあります。どれだけひどい指導をしていてもそれと気づかず、ちょっとしたアドバイスにも耳を傾けられなくなります（現実にそうした教師に出会ったことが私も幾度となくあります）。

教師は職人です。職人だから、自分自身の知識・技術・経験で勝負します。しかも、師匠のいない職人です。どれだけ力を付けられても免許皆伝を授けてくれる者はいません。それでもなお、研鑽を積み続けなくてはならないのが教師です。そんな職人を表す言葉に、「職人気質」があります。「①頑固な性格だが、②技術に自信があり、③仕事に実直に取り組む様子」を指す言葉です。

①の「頑固である」というのはネガティブに聞こえるかもしれませんが、けっして悪いことではありません。教師としての矜持をもち、こだわり続けることも大切だからです。②についての大切さは前述のとおりです。

このように考える私が最も重視しているのが、③の「仕事に対する実直さ」です。自身の指導技術をよく見つめ、課題点については誠実に改善する姿勢が教師には必要だからであり、私はそれこそが本当の意味での教師に必要な職人気質なのではないかと思います。

では、教師が実直であり続けられるためには、どんなことが必要なのでしょうか。それは、端的に言えます。**他者の授業を見て学ぶこと、自分の授業を他者に見てもらって学ぶことに尽きる**のです。この取組の継続こそが、自信を過信にせず、誇りを埃にしない最大の秘訣です。

毎年のように研究がリセットされてしまう

校内研究には、次に挙げる2つのリセット懸念があります。

1つ目は、4月になるたびに研究成果がリセットされてしまうケースです。

校内研究は、（第1章でも述べたとおり）その多くは年度はじめにスタートする「実質10か月研究」です。そのため、5月から本格的に研究構想に着手するわけですが、このとき、前年度までの研究成果が反映されず、ゼロベースで構想しなければならなくなるといったことが起きます。

教育委員会や管理職からの指示を受け、急遽、新しい研究課題に取り組まなければならないこともあるでしょう。そうした場合には致し方ないのですが、そうでないならば、本校の特色や子供たちの育ちなどを大切にしながら、年度を越えて研究成果が積み上げていけるようにしたいものです。

2つ目は、数年間かけて継続してきた研究が、人事異動によってリセットせざるを得なくなるというケースです。特に、管理職や研究推進役の教師が異動した場合などがそうなりがちで、「またふりだしに戻って研究を構想し直さなくなるのか」といった思いに苛まれることもあります。

こうしたことは、どの学校でも起き得ることなのですが、だからこそ「なんのために校内研究を行うのか」といった基本に立ち返ることが必要だと思います。

なぜなら、どのような研究であっても目指すべきは、本校に学籍を置く子供が健やかに成長していくことだからです。この子供たちの育ちは常に、年度を越えてつながっていくのです。

このように考えれば、先生方が入れ替わろうと、研究テーマや対象教科が変わろうと、子供たちの育ちを軸に据え、過去の研究成果を生かしながら研究をつくっていくという発想で臨むことが大切だと思います。そうであれば、「いままで研究してきたことはなんだったのか」などと徒労感を覚えることなく、常にアップデートしていくという意識をもって研究を積み上げていけるのではないでしょうか。

エビデンスを求められるとつらい

（校内研究に限らないことですが）学校予算を使って行う実証研究である以上、なんらかの成果が求められるものです。その成果をどうまとめたらよいかについて悩む先生方は少なくないようです。

これは近年よく聞かれるようになった悩みの一つで、学校の外側から次のように指摘されるようになったからです。

「研究成果は数値データで示してほしい」

つまり、数値ベースでエビデンスを求められるようになったということです。こうしたこともあって、国の全国学力・学習状況調査や都道府県をはじめとする自治体主催の学力調査の結果などを関連付けて分析しようとするケースが見られるようになりました。

もちろんそのような分析であっても、勤務校の研究の趣旨に則った関連づけなら意義あることです。問題は、学力調査等と同じ趣旨で校内研究を進めているわけでは必ずしもないという点です。どちらかというと、学力調査では測定できないような（いわば定性的な）子供の育ちの変容を実証的に見いだそうとするのが、学校における校内研究です。

このように考えれば、「数値データで示すということ」＝「学力調査（テスト等）の点数で示すこと」ではないことがわかります。

そこで、研究成果における数値データについては、およそ次に挙げるものだと考えればよいと思います。

- 授業への子供の参加意識の変化（4月と12月で比較）
- キーワードで整理した子供の表現内容の変化
- 教師自身の指導に対する意識の経年変化　など

子供の数が２００人に満たない小規模校であっても、その学校の全児童・全教職員を対象とする以上、規模は小さくても立派な悉皆調査です。右に挙げた以外にも、その学校でしか得られない唯一無二の貴重な数値データも得られると思います。

みんながついてきてくれない

研究テーマは、端的な言葉で研究の方向性を示すものなので、抽象度が高く概念的です。そのため、具体のイメージが湧きにくいといったこともあるでしょう。まして、先生方同士で議論を重ねたうえでのボトムアップではなく、管理職や研究主任などから降りてくるようなトップダウンの研究テーマであれば、なおさらそう感じるはずです。

仮に、先生方の共通理解が図られないまま見切り発車してしまえば、「意欲的なのは研究をリードする一部の教師、振り返るとだれもついてきていない」ということになりかねません。

校内研究を充実するうえで大切なことはいくつもあるわけですが、全教師参加型の研究を目指すのであれば、重視すべきは「研究のプロセス」です。

●研究テーマにせよ研究内容にせよ、構想段階で可能な限り多くの教師が関われるようにす

資料

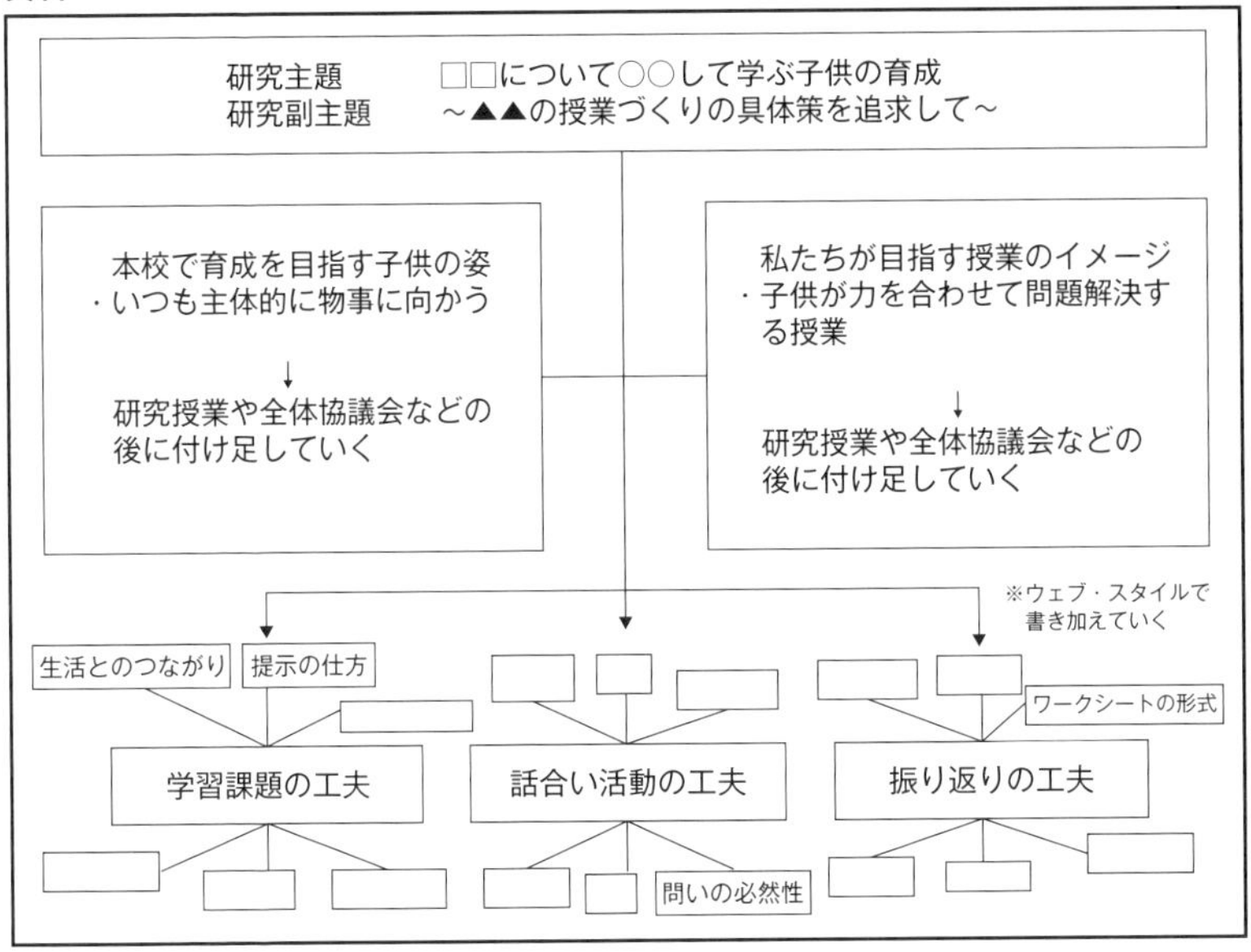
研究主題　□□について○○して学ぶ子供の育成
研究副主題　～▲▲の授業づくりの具体策を追求して～
本校で育成を目指す子供の姿
・いつも主体的に物事に向かう
↓
研究授業や全体協議会などの後に付け足していく
私たちが目指す授業のイメージ
・子供が力を合わせて問題解決する授業
↓
研究授業や全体協議会などの後に付け足していく
※ウェブ・スタイルで書き加えていく
生活とのつながり
提示の仕方
学習課題の工夫
話合い活動の工夫
問いの必然性
ワークシートの形式
振り返りの工夫

る。

●どんな子供を育てたいのか、日々授業を行っていて感じている課題にはどのようなものがあるか、そのためにどんな授業をしてみたいのかについて率直に対話することを通して、その学校の先生方らしい言葉を練り上げていく。

実をいうと、こうしたことこそ、その学校ならではの研究づくりに欠かせない基盤となるのです。

はじめから完成形を求めようとはせず、例えば**資料**で示しているように、授業実践を進めながら徐々に理論の隙間を埋めていくような校内研究こそ理想的ではないでしょうか。

研究授業を重ねるたびに一つ一つ具体化されていき、「次年度は今年度の検証をしていこう」といったスタンスで継続研究してみるといった取組は、とても実践的かつ実際的であると感じます。

研究発表の際にも、どのような「迷い道」をたどりながら授業改善を試みてきたのか、「研究のプロセス」を紹介すれば、より説得力のある発表になると思います。そうであれば、思うようにうまくいかなかった事柄もまた研究成果となり、次の研究を充実するための伸びしろになると思います。

指導技術ばかり指摘される協議会になる

研究授業を行う目的は、大きく次の二つに分かれます。

● 授業者や参加者の指導力を向上する。
● 授業改善の方策を解明する。

前者は主に、初任者研修などをはじめとする官製研修に当たり、後者は協働的に授業をつくって改善案を協議し合う校内研究（欧米でいうところの「レッスン・スタディ」）に当たります。

この点については、全教師で共通理解を図っておく必要があります。というのは、校内研究において前者の要素を強くもち込んでしまうと、指導技術の指摘ばかり目立つ協議会にしてしまうからです。

それだと、授業者にかかるストレスが不必要に大きくなり、研究授業の引き受け手も減ってしまうでしょう（ベテラン教師も、自分の授業を見せるのをためらうようになります）。のみならず、肝心の授業改善の方策が明らかになりません。

こうしたことから、どの教師も「**研究授業は、授業者や参加者の指導力を直接的に向上させる場ではない。チームで授業をつくり、改善のアイディアをみんなで出し合う建設的な場だ**」という認識をもつことが欠かせないのです。

次に挙げる取組をしている研究協議会もあります。いずれも、とてもよい取組だと思います。

●授業の前に部会が提案説明をしたり、参観者からの質問に部会のみんなが答えたりする。
●あらかじめ部会の提案（紙面）を配布し、研究授業で見てほしいポイントや協議してほしいポイントなどをあらかじめ示しておく　など。

参観者が授業記録を取ろうとしない

研究協議会における発言が年々感想めいたものに終始している現実については、すでに述べたとおりです。ただしこの課題は、授業者や研究推進リーダーの取組方のみに帰すべきものではないと思います。研究授業の参観者の姿勢にも大いに関係があると思うからです。

学習指導案もろくに目を通さない教師、授業記録を取ろうとせず、腕組みしながら授業をただ眺めている教師、授業の最中にも廊下に出て他の教師と談笑しはじめる教師、以前自分が受けもったことのある子供の様子しか見ようとしない教師などの存在です（言うまでもなく、観察対象児、あるいは観察対象グループをあらかじめ決め、分担して子供の学びを追う取組の場合は話が別です）。

参観者がこのような教師ばかりでは、研究協議会の議論が活性化するはずありません。どの参観者の口も重く、困り果てた司会者から「どんなことでもいいので、なにかありませんか？」と水を向けられてようやく何人かが手を挙げます。しかし、感想めいた発言しか生まれません。

授業改善の具体策は、教師の指導と子供の学びの事実、あるいは相互のやりとりの事実からしか見えてきません。そうである以上、せっかく授業を参観しているようでいて、なにも見ていないのですから語りようがないのです。

こうした課題の解決を図る特効薬はありませんが（校内研究の課題というよりも、学校経営や教師の意識の課題です）、とにかくも授業記録を取ることを推奨するほかないと思います。

授業記録の取り方は、気付いたことを学習指導案に書き込むといった方法でもよいのですが、真っ白なA４・１枚を手に目標から書き込んでいく方法を薦めています（１１５頁で詳述）。授業記録を取ることをマストにするだけでも、授業者の指導意図を考えながら授業を見たり、授業者の指導に反応する子供の表現などを聞き逃さないようになるなど、参加姿勢も変わります。

校内研究に対する管理職の関心が低い

それほど多くはないと思いますが（というか、ぜひそう思いたいのですが）、校内研究に対する管理職の関心や意欲が低いこともあります。それでは、研究推進役の教師がどれだけがんばっても校内研究は活性化せず、徒労感ばかり募り、やがて疲弊します。

以前、校長室で研究推進役の先生方と熱心に話をしていたところ、耳を傾ける姿勢を示さずに離席してしまった校長先生もいます（学校事故があったとか、プライベートの事情などによる場合もありますが、研究に対して意欲的な管理職であれば、内々に事情を説明してくれます）。

これはどちらかというと、小学校よりも中学校で見られます。研究授業を行う教科が管理職の専門教科ではない場合などがそうで、（中学校は教科担当制のため）他教科等の授業の見方がわからなかったり、興味をもてなかったりするケースです。ほかにも、学習指導よりも生徒指導や部活指導、地域対応などに心を砕いていて、授業研究は二の次くらいにしか考えていないケースもあります。

事情はいろいろあるのでしょうが、そのような状態だと校内研究は充実しません。先生方の意識や意欲は、トップの意欲や意識の鏡写しです。（前述したように）研究や授業改善への管理職の意欲が低いと、先生方の士気は上がらないのです。管理職の先生方にはぜひ、研究先進校等の取組などに目を向けて自ら関心を高め、わが校の先生方にいい刺激を与える役割を果たしていただきたいと思います。

他方、たとえ本校の管理職の意欲が低かったとしても、研究推進役の先生方には、管理職に対して日々、授業や生徒の様子を小まめに伝えるなどして、（困難なミッションだとは思いますが、そこはクレバーになって）少しでも関心をもってもらえるように働きかけ、管理職を巻き込んでいってほしいと思います。

対象教科等をどうするのがよいかわからない

年度末になると、現場の先生方から「今度来る校長先生の専門は国語だから、研究教科もきっと国語になるんだと思います」などといった話を耳にすることがあります。

長く教壇に立ち、研鑽を積んできているわけですから、その教科に関する識見が深く指導力もあるでしょう。だからといって、「校長先生の専門教科は〇〇だから」という理由だけで、安易に研究教科等を決めないほうがよいと思います。

それよりも、「本校の子供の実態や、先生方が求める授業づくりのために必要となる教科等はなにか」という着眼点から、先生方同士、対話を重ねながら決めるほうが、校内研究の充実を図る確度が上がります。

それに、1つの教科等について真摯に研鑽を積まれてきた管理職であれば、教科等を超えて通底する授業の本質をつかんでいるものです。そうであれば、どの教科等であっても適切に指導力を発揮してくれるはずです。

また、小学校で多く見られるのが、1つの教科等を研究対象に選んで取り組むケースです。そのほうが、教科等の特質に沿って教材研究の仕方や指導技術の具体を絞り込めるので共通理解を図りやすいからだと思われます。

対象教科等として選ばれやすいのは、国語や算数でしょう。授業時数が多いことや若手教師の関心が高いことが理由として考えられます。ほかにも、道徳科や外国語科などに取り組む学校も少なくありません。

道徳科や外国語科は、教科として学習指導要領に位置づけられたのが比較的新しいこともあって、「どのような特質をもち、どのような授業が求められるのか」といった理解中心の研究にすることで、先生方の授業力の底上げをねらっているものと考えられます。

ただ、ここで話題にしたいのは、全教師による主体的な参加をどうつくるかです。

殊に、小学校の教師は（専科を除き）日々ほぼ全教科等を指導しています。そのため、特定の教科等の研究に特化して多くの時間を割くよりも、どの教科等においても共通する授業改善のイメージや方法を学ぶほうが効果的なのではないかと考えています。

教科等を絞らない研究だとむずかしいということがあれば、例えば先生方に希望を募って「とりあえず複数の教科」で取り組むことからはじめてみるというのもよいと思います（第5章では、研究授業を行う教師が自由に教科等を決められる選択式メソッドを紹介します）。

授業を見せることに慣れていない教師が多い

これは、中学校に多いケースです。

中学校はそもそも、他の教師の授業を見たり、自分の授業を見せたりすることに慣れていない教師が多い現場です（なかには、教科部単位で熱心に授業を見合う取組をしている学校もあります）。

そのため、研究授業に入れる力加減がわからず、日常となにも変わらない（事前研究や提案性がない）授業を公開したり、逆に通常の授業では到底できない特別な授業（多くの教師に補助してもらったり、普段使えないような教材・教具を使ったりするといった授業）を公開したりするケースも見られます。

しかし、研究授業をつくるに当たって大切なことは、「日々の授業のどんな点を改善することを提案できるか」「参観者の参考になりそうな指導法や授業スタイルはどの部分か」などを考えながら、伝えたいことを焦点化することです。

こうしたことを意識しながら、提案性のある授業をつくるには、場数を踏む以外にありません。要するに「見せることに慣れる」ということです。

（最初のうちは、厳しい批判にさらされて心が折れることもあるとは思いますが）そうするうちに、自分に必要な意見は取り入れ、そうでない意見は笑顔でスルーするといったスキルも身に付いていきます。

なにより自分の授業をもっと見てもらいたいという欲求が高まっていきます。なぜなら、研究授業はやり得で、やればやるほど授業改善の道筋が見えてきてメキメキと力がついてくる手応えを感じられるようになるからです。

このように考えれば、「教師の授業力向上は、研究授業をやってみることからすべてがはじまる」と言っても過言ではありません。

第3章

主体的・対話的で深い研究をつくる

ここまで述べてきたように、さまざまな課題はありますが、学ぶ機会が減少傾向にある今日、自分が勤務している職場で勤務時間に行える（恵まれた機会である）校内研究を生かさない手はありません。

そこで本章からは、課題を踏まえつつも、校内研究充実に向けた方策を考えていきます。まず本書の立ち位置として挙げておきたいのは次の事柄です。

授業改善の視点である「主体的・対話的で深い学び」は、子供にとってのみならず、教師自身の学びの姿である。すなわち、本書のサブタイトルである「教師自らが共に学ぶ主体的・対話的で深い研究」を軸にするということです。

教師の主体的な学び

1 子供の姿や授業の話を話題にするちょっとした雑談のススメ

これから述べることは、「昔のほうがよかった。それに引き換え今は…」などと懐古趣味よろしく言いたいわけではないので、どうぞお付き合いください。

現在のように、教育現場がそれほど慌ただしくなかった時代があります。

子供たちが下校すると、誰が言うともなしに職員室の一角に教師の輪ができます。いつも同じメンバーというわけでもなく、なんとなく立ち話がはじまるのです。

話題の中心は子供たちにまつわること。「今日、Aさんがはじめて漢字の書き取りで満点を取ったんですよ」とか、「休み時間に起きた揉めごとを子供たちだけで解決していたんですよね」といった感じです。

すると、「私の学級では…」とか「最近の授業では…」といった調子で活気付いてきます。笑い声を交えたオモシロ・エピソードをはじめとして、ときには専科の先生も混じってきて、学級担任が知らなかった子供の様子を話してくれることもあります。

話が盛り上がってくるにつれて、シビアな話題になることもあります。個人情報満載ですから、保護者にはとても聞かせられません。

いわゆる雑談や井戸端会議の類いなのですが、わざわざミーティングの時間を取らなくても、他の学級や学年の子供たちの様子を知ったり、自分が受けもつ子供たちに関心をもってもらったりする場になっていました。

私自身も、専科の先生から聞いた話がヒントになって、おもしろい授業プランが思い浮かぶこともあって、和気あいあいとした貴重な時間でした。

そのようにできたのも、それが許される時間のゆとりとゆるさがあったからなのだと思います。当時にしても別に手を抜いたり、楽をしていたわけではないのですが、現在に比べれば教師に課される責任も業務も少なかったとは言えます（当時であっても、プライベートの事情などで参加したくても参加できない先生方はいらっしゃいました）。

現在もそういう雰囲気のある学校はあると思います。しかし、働き方改革が喫緊の課題だと叫ばれる今日です。子供や保護者への個別対応などを含む膨大な業務をこなさなければならないうえに授業準備に追われる日々。多くの学校では「雑談なんてしている余裕はない」というのが実情だろうと思います。

この点については、私自身も教育現場で実際に見聞きしているので、「しっかり時間をつくって雑談しましょう」とか、「もっとのんびり、ゆったりいきましょう」などと言いたいわけではありません。

その一方で、こうも思うのです。**「無駄だと思うことのなかにこそ大切なことが隠れている」「遊びこそ最高のクリエイティブだ」という心を失わずにいてほしい。**

なにかに追われるように仕事を続けていると、教師にとってはもちろん、子供にとってもたのしい授業のアイディアは浮かんできません。仕事を作業にしてしまうからです。

職員室で一息つくちょっとした時間でよいのです。たとえ5分であっても、子供の様子を語り合ってお互いに笑顔になれれば、貴重な情報共有の場になるのはもちろんのこと、新しいアイディアなども思い浮かんできて、〝またがんばってみるか〟と思いを新たにすることができるのです。

2 研究授業を行った者が一番得をする

（前章でも軽く触れましたが）これは古くから言われるとおりで、教育現場における数少ない真実の一つです。

とはいうものの、研究授業を行うのはたいへんです。単に1コマ分の授業を見せればいいというわけにはいかないからです。授業当日までには、他の先生方の助力を得ながら教材研究を行い、しっかりと準備しなければなりません。それに要する時間や労力たるや何十時間もの授業づくりに匹敵します。

裏を返せば、そうした努力に見合うだけの力量形成を図れるということです。技術のみならず自身の教育哲学の形成にも寄与することから、その後の授業に間違いなく効いてくるはずです（こうした経験を積んできた先生方はみなさん「研究授業は私の財産だ」と言います）。

ただし、財産だと言えるほどになるには、相当の回数をこなす必要があります（なかには、5、6回目あたりからようやく手応えを感じられるようになったという方もいます）。だからこそ、まずこう考えてみるのが賢明です。

そもそも研究授業はうまくいかない。些細なことであっても改善するヒントが見つかればそれでいい。

日々、授業をしていて〝今日はうまくいった〟とか、〝あまりうまくいかなかった〟と感じることもあるでしょう。しかし、それはあくまでも自分の感想にすぎません。

もちろん、自分の授業をリフレクションすることは大切なことです。ただ、他者評価を交えずして「あぁだ、こうだ」といくら思い悩んでいても、「本当のところはどうなのか」を判断するのはむずかしい。だからこそ、他者による評価を必要とするのです。

そこでまず知っておきたいことは、「自分の研究授業に対する他の教師の目が厳しくなるのは自然なことだ」ということです。「研究授業は、改善すべき授業課題が見付かってこそ価値が生まれる」ことを知っているから、参観者のほうも自分ごとのように課題を捉えて自己内批判しながら授業を見ているのです。

このように考えれば、**研究授業を行ってうまくいかなかったと感じる改善点と、他者**

が指摘してくれた改善点を摺り合わせていければ、教師は自らの授業を的確に見つめられる主観を鍛え上げていけるといえるのではないでしょうか。

研究授業を引き受けるということは、自分の職能成長を促すチャンスにほかなりません。今どき「苦労は買ってでもしなさい」などと上から目線で言うつもりはないのですが、特に経験年数の少ない若手の先生方には、ぜひ勇気を出して名乗りをあげてほしいと思います。

3　自分で略案を書き、仲間と授業を見合う

とはいえ、名乗りをあげたいと思っていても、学校全体として行う研究授業は年に数回程度。希望する人が多ければ、自分は年に1度も行えないといったこともあるでしょう。そこで提案です。

同学年や若手同士、気の合う同僚同士でそれぞれ略案（形式張らずに授業で見せたい場面を強調するなど自由に書いていい学習指導案）をつくり、時間を見付けてお互いの授業を見合うようにするという方法です。

小学校であっても、高学年であれば専科が受けもつ授業時間を使って授業を見に行く

ことができるでしょうし、工夫次第です。中学校でも教務担当者の協力を得て、時間割を工夫して空き時間をつくるといった方法で取り組んでいる例があります。

たとえ、1時間の授業すべてを参観できなくとも、たとえば「A先生の導入を学びたい」のであれば、最初の10分だけ見に行くといったゆるい感じでかまいません。

また、授業を見たらお礼を兼ねて授業記録を共有したり、授業を通してどんなことを感じ考えたのかを伝え合えたら、より学びが深まるはずです。さらに、その輪が学校全体に広がり、どの教師も日常的に授業を見合い語り合える文化が生まれたら、それこそ最高です（教師同士の対話的な学びについては後述します）。

実は私も教師になって3年目、同年代の若手3、4名と声を掛け合って互いの授業を見合っては、「放課後30分研究会」を不定期に行っていたのですが、これが思いのほか学び多き時間だったのです。フォーマルな公開授業や協議会とはひと味違うたのしさやおもしろさがありました。

それともう一つ挙げたいのが、略案であっても日常的に学習指導案を書く機会を得られるということです。

学習指導案は基本的に、**資料1**のように教師と子供双方の目線で書かれます。という

資料1　教師と子供の両方の目線で書かれる学習指導案

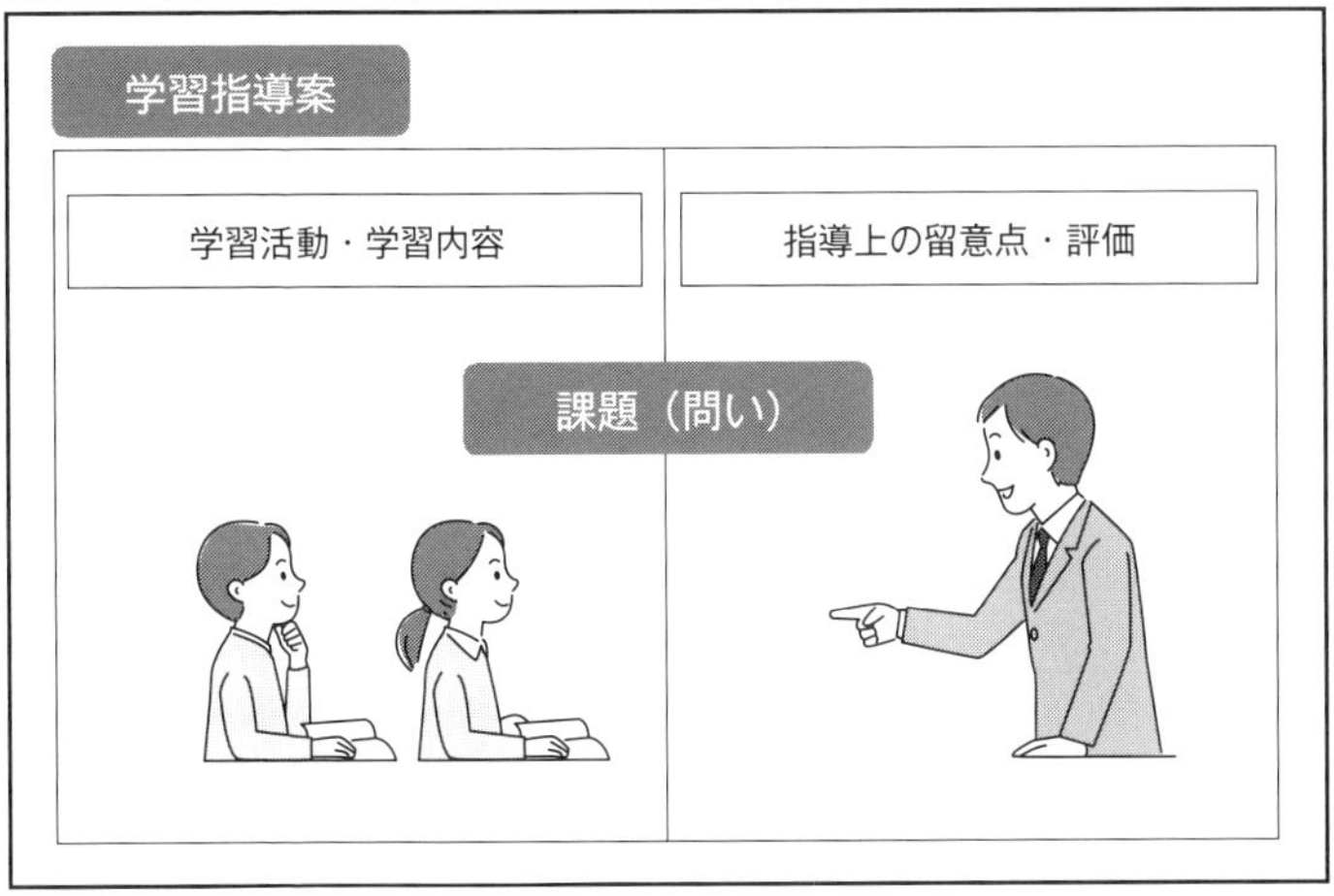

のは、教材研究は教師目線で行い、課題（問い）は子供目線で考えるからです。学習活動や学習内容についても子供目線で書き（学習内容は子供が理解した具体的な姿で書くとよい）、指導上の留意点や評価については教師目線で書きます。端的に言えば「学習指導案は教師目線と子供目線を行ったり来たりしながら書くことになる」ということです。

こうした往還が、授業づくりには欠かせない大切な目線となるのです。

4　教材研究は問いからはじめる

教材研究は、学習指導要領や教科書、市販の本を読みながら行うことが多いと思います。「基本を押さえる」という意味では大切なことです。

しかし、「教材研究はそれで十分だ」などと考えてしまうと、肝心なことが抜け落ちてしまうこともあります。

資料1で示したように、教師と子供の間にあるのは課題（問い）です。課題（問い）は教師の指導性と子供の主体性のバランスのなかに位置付くからです。そのため、教材研究においても課題（問い）とセットで行うとよいと思います。言うなれば、**「〇〇をどのように教えようか」から、「子供が〇〇を学ぶにはどんな課題（問い）が必要だろうか」と考える発想への転換**です。

社会科の授業ではよく行われることですが、子供たちに「ゴミの分別の大切さ」を学んでもらいたいといった場合、「教師である自分だったら、ゴミの分別に関してどんなことに疑問をもつだろう」と自問してみるという手法でもあります。

「分別しないとどんなことが起こるのか」
「分別すると本当にゴミの量は減るのか」
「実際にはどれくらい分別が守られているか」

この手法は、子供たちに教材（この場合は「ゴミの分別」）のもつよさ・おもしろさを学ばせるうえで「遠いように見える近道」なのです。

といっても、実はそう簡単なことではありません。このように疑問をもてるようになるには、教師自身が日常生活のなかにある当たり前に目を向け、そこにどんな問いが潜んでいそうか、考えをめぐらせてみるトレーニングを積むことが必要だからです。

一例を挙げれば、もはや私たちの日常生活に欠かせなくなったスマートフォン。このようなものがどのような経緯で生まれたのか、なぜこれほどまでに自分たちの生活に浸透したのかといったことに疑問をもち、自分なりに考えたり調べてみたりするといったトレーニングです。

私たちは日々を生きるなかでさまざまなものを目にしていますが、視界には入っていても、実はなにも見ていないということがたくさんあります。スマートフォンにしても、たくさんの情報を得たり発信したりすることができる便利な道具ですが、その一方でモニターばかり見下ろしていると、今日の空模様さえ覚えていないといったこともあります。

つまり、現代社会ではインプットする情報量そのものは多いものの、電子データに偏りやすいことから、相当自覚していないと「リアルな問いをもつ」ことが、案外むずかしいということなのです。

教育現場においてもいずれ、教育活動などに生成ＡＩがもち込まれる時代が到来するのでしょうが、自分が解き明かしてみたいと思える「リアルな問い」をもてなければ、生成ＡＩのポテンシャルを引き出すプロンプトをつくることはできないとも言われます。

実は、教材研究に関連する問いにしても、同様のことが言えます。机に向かってあれこれ考え込んでいるときにはちっとも思いつかなかったのに、帰宅途中に目にした広告だったり、家族と食事をしているときのちょっとした会話のなかで、突然「子供が喜んで考えてくれそうな問い」が思いついたりするものです。

それに、せっかく家族と食卓を囲んでいるのに、スマホを片手に会話もなしでは、なにも思い浮かばないどころか、家族の絆にもヒビが入りかねません。やはり、自分の視界に入っているリアルな事柄に注意を向け、自覚的に見たり感じたりすることが大切なのだと思います。

教師の対話的な学び

1　みんなで役割を分担して研究する

校内研究は、(37頁以降でも紹介したように)いくつかの部会などのグループに分けて行うこともありますが、基本的に学校に所属する先生方みんなで行うグループ研究であり、全員で少しずつ研究を進め、理解を深めていくという発想が大切です。よく言われることですが、「1人の10歩より、10人の1歩」です。

こうしたことから、研究推進役、授業者、授業記録者、写真撮影、ビデオ撮影、協議会司会、分科会司会、板書など、さまざま係を分担しながら行われていると思います（子供たちの当番活動や係活動と一緒です）。また、研究主任についても一人で担うにしても、他の係についてはひととおりローテーションしている学校も多いでしょう。

経験年数の少ない教師にとって校内研究は、ＯＪＴ（オン・ザ・ジョブ・トレーニング）のよい機会になります。招かれた学校で、先輩教師から「上手に進行できたね」「わかりやすい板書でした」など若手教師が褒められている様子を目にするたびに私は、学校の研究ならではのよさや意味を感じています。

2　研究協議会のもち方はいろいろと試してみるといい

何十人もの前では発言しづらくても、少ない人数であれば自分が考えたことを口にできるものです。そのため、研究協議会では、グループ単位で対話し合える場を設けるのが効果的です（この点でも、授業中の子供たちと変わりませんね）。

グループ分けにしても、(37頁以降に示したように) 学年部などの部会ごとにグループを形成するケースもあれば、経験年数が近い先生方でグループをつくるケースも見られます。これは、意見がより出やすくなるといった意図があるのでしょう。確かに、年齢や経験年数が近いと課題意識を共有しやすいので、〝こんなこと言っても大丈夫かな〟などと心配せずに発言できるといったよさがあると思います。

いずれにしても、ここで提案したいことは、「前回もそうしていたから」とか、「拠点校でもそうしていたから」などといった理由をもち出してグループを決めてしまったり、一度決めたグループを固定化したりしないほうがよいということです。

「本校の先生方は、どのようなグループ分けであれば、率直に考えを伝え合えるのか」という視点に立って考え、しかも状況に応じて変えながら、普段あまり話をしていない教師とも対話できる機会にするといった柔軟さが大切だと思います。

これもまた、学級における席替えや、授業におけるグループ学習と基本は同じです。「教師は大人なんだから、誰とでもちゃんと意見を言い合えるべきだ」などと杓子定規に考えたりせず、普段自分たちが子供たちにしている配慮を応用すれば、本校の先生方が対話しやすいグループ活動を構想することができるのではないでしょうか。

また、グループ活動に関しては、各自が参観した公開授業の「よさ」や「課題」を付箋に書き、それを研究の視点ごとに分類しながら模造紙に貼り、代表者が読み上げながら発表するといった形式が多く見られます。

ほかにも、司会がどんどん指名して参加者の発言を促し、板書係が先生方の発言を整理しながら板書していくといった取組なども見られます。協議会を行う場所も会議室ではなく、研究授業を行った教室で協議する取組もあるし、授業後ではなく授業前に学習指導案を見ながら事前協議会を行う取組などもあります。

また、最近ではタブレット端末などを活用して考えを記入し、画面共有しながら説明する取組なども増えてきています。機材を用意し適切に運用するスキルが求められますが、実現できれば参加者の意識も高まるように感じます。

いずれにしても、固定的に考えるのではなく、「年間を通していろいろと試してみて、本校に合った方法を見付けていく」くらいのスタンスで臨むとよいでしょう。

3　研究は厳しく、人間関係は温かく

これは、管理職はもとより、研究を推進する先生も、サポートする先生も、参加する

先生方もみな、常に肝に銘じたい言葉です。

（当たり前の話ですが）教師は初任者であっても、子供や保護者からは一人前の教師として見なされます。そのため、教師は（たとえ根拠のない自信であっても、ときに虚勢を張ってでも）〝教壇に立つ以上、自分は子供を指導する教師なんだ〟という強い意志をもって臨まなければ授業ができないという職業特性があります。

そのため、自然とプライド意識が高くなります。それ自体は、（第2章でも述べたとおり）大切なことなのですが、ここで取り上げたいのは、教師のプライド意識の負の側面です。

ここで言う負の側面とは、態度が尊大で謙虚さが足りないといったものではありません。自分の間違いや失敗、不適切さを素直に受け止められない気弱で狭量になりがちな心情にあります。

たとえば、協議会などで他の教師から厳しい指摘を受けると、〝せっかくがんばったのに、自分の授業を否定された〟などと過剰に反応してしまい、立ち直るのに時間がかかったり、心が折れてしまったりする心情です。ときには、根にもってしまい、指摘してくれた教師との関係がギクシャクしてしまうこともあります。

話がズレてしまいますが、子供たちが執拗に失敗や間違いを怖れてしまうのも、（一概には言えませんが）この教師の負の側面が子供たちに投影されている可能性があります。逆に、他者からの批判を、ときに真摯に、ときにおおらかに受け止められる教師の学級では、（学級経営のなせる業ですが）どの子も間違いを怖れずに伸び伸びと発言できているように感じます。

それはさておき、このプライド意識の負の側面は、大なり小なりどの教師ももっているものであり、一期一会のような（その場限りの）研究大会とは異なり、校内研究を難しくさせる要因となり得るものです。たとえば、ギクシャクとした関係となることを予見し、それを避けたいがために、研究協議会の場でも軽く撫でるような授業感想に終始するといったこともその一つです。しかし、それでは校内研究が形骸化し、貴重な勤務時間を使って行う意味も意義も失われてしまうでしょう。

研究協議会は、みんなの授業を改善するための課題を明らかにし、知恵を出し合って指導の手立てを検討する場です。この目的を果たすためには、忖度なく課題を言い合えることが前提条件となります。

もちろん、相手の人格や教育理念を否定するような発言であってはなりませんが、やはり研究は厳しくあらなければならないと思います。

そのためにも、指摘する側は「どのように言葉を紡げば、こちらの真意が正しく伝わるか」という配慮を欠かさないこと、指摘される側は「たとえ厳しい批判であっても、授業者である自分だけでなく、みんなのためにしてくれていることなんだ」という受け止めをもてることが欠かせないと思います。

こうした配慮や受け止めがあってこそ、「研究は厳しく、人間関係は温かい校内研究」にしていけるのだと思います。

教師の深い学び

1　研究理論を難しく考えすぎない―シンプルが一番

研究という言葉に囚われ、「最新の教育理論に基づき、本校ならではの研究理論を構築しなくては！」などと鼻息が荒くなってしまうことがあります（若い時期に研究主任を任された教師であれば、誰しも心当たりがあるのではないでしょうか）。

それはそれで研究主任本人にとっては勉強するよい機会になるでしょう。しかしそれが、周囲の先生方にとっても有益かといえば、必ずしもそうではないケースのほうが多いように思います。

というのは、研究理論はややもすると、研究する当の本人が独り言を繰り返すように自分の頭のなかで反芻しながらつくり上げることが多く、理論が精緻であるほどに、そのプロセスを共有していない他の教師にとっては意味がわからず、ついて行けなくなるからです。しかも、勤務校の教育現場で実証しようがない場合も少なくなく、文字どおり理論倒れになってしまう怖れもあります。

昔から、「教育研究は3S（シャープ、シンプル、スリム）にするのが望ましい」などと言われます。提案性がなに一つないのも困りものですが、研究を通じて気付いたことをそのつど付け足しながら、徐々に具体化するといったプロセスを、先生方と共有していくほうが浸透していきやすいし、なにより空論にならずに済みます。

そのための方法はいくつもあると思いますが、一つ例示するとすれば、空欄の枠をいくつも設けた研究構想図を研究主任が提示し、「1つずつみんなで埋めていきましょう」と投げかけるといった方法です。

校内研究は実質的に、10か月研究（5月～2月）である以上、あれもこれもできないし、風呂敷を広げすぎればドンキホーテよろしく、理想を追い求めるあまり分別に欠けたり、誇大妄想に陥ったりして、成果の見えにくい研究にしてしまいかねません。**研究は「焦点化」「具体化」にこそ意味があると考え、それをみんなで明らかにしていこうという姿勢が大切である**と思います。

2 授業記録を取ろう

年に何回、研究授業の場を設けているかについては学校によって異なるでしょうが、全員参観で行う機会はそう多くない以上、貴重な機会です。（繰り返しになりますが）ぜひ授業記録を取るようにしたいものです。

授業を記録するに当たっては、**教師による授業の「めあて」である「本時の目標」と、子供による授業の「めあて」である「本時の課題（問い）」を必ず書く**ようにします。その授業を見る指針になるからです（「研究授業の見方」については次章で詳述します）。

前者はその後の協議の指導（発問、指示など）との関連がわかるし、後者はその後の子供の発言（考え、学習のまとめ）や活動（話合い、作業）の様子との関連がわかります。

いずれにしても、ぼんやり眺めているだけではなにも見えてこないのが授業です。なにより勇気を出して授業を公開してくれた授業者の努力に応えるためにも、授業者の指導内容や子供の表現等の事実に基づいて自分の意見を述べるといった誠実な姿勢をもちたいものです。

3 研究会の講師に質問しよう

研究協議会の最後には、外部から招かれた講師による指導講評や助言が行われ、その後には「なにか質問はありますか」と司会が投げかけるものの、質問が出ることはほとんどありません。講師の話にダウトをかける意見は出しづらいし、総括的で内容が多岐にわたる場合（すみません。私はそんな感じです）、講演内容を理解することに精一杯で、質問するエネルギーが残っていないといったこともあるでしょう。

チャンスは、研究協議会の終了後です。授業者であれば、校長室等で雑談がはじまった最中をとらえて質問するとよいと思います。もし講師が公開授業の意図をミスリードしているのであれば、自分の考えを伝え直すチャンスにもなります。

といっても、「講師と議論しましょう」などと言いたいわけではありません。授業者こそ、「講師に質問する権利」があると考えているということです。

講師にしたところで、講演するわずか30分かそこらの時間内に、授業の課題点すべてを洗いざらい話そうなどとは思っていないし（個人的に伝えたいと思うことはあります）、時間が足りなくて割愛せざるを得ないこともあるし、よいと思ったところをもっと協調すればよかったなどと後悔したりしていることもあります。

加えて、研究協議会が終わった後の談笑の時間は、管理職や研究主任、講師がみな一様に〝とにかく、今日もちゃんと終えることができてよかった〟などとほっと一息ついています。こうした場では質問した相手の本音を聞き出す絶好の機会となるのです。

質問する際には、公開授業で自分自身が迷ったことについて聞いてみるとよいでしょう。

例えば「A案とB案とで迷ったのだけど、今日はB案を選んだのですが…」といった話をすれば、講師からは「もしA案だったとしたら…」といった可能性（A案のよさや課題）について話をしてもらえるでしょう。講師は多くの授業を見ているので、「授業者がどのような理由でA案とB案とで迷ったのか」およそ見当がつくからです。

授業者がもし〝授業が思うようにいかなかったなぁ〟と感じているのであれば、「自分がしたかったのはどのような授業だったのか」「どのような点がうまくいかなかったと感じているのか」を率直に伝えるとよいでしょう。

講師にとっても、かつて自分が通ってきた道です。研究授業の苦労はよくわかっているから、〝そんなふうにいろいろと考えたうえでの授業だったのだな〟という思いをもって、共感的に聞いてくれるはずです（もしそれとは真逆の態度を示すような講師がいたのだとしたら……推して知るべしですね）。

研究推進役の教師や研究主任であれば、「研究のあり方や今後の進め方のポイント」についても質問するのもよいと思います。ただし、いくら講師といっても万能ではないので、すべてについて正しい考えをもっているわけではありません。自分の質問に答えてくれたことに対しては感謝の意を表しつつも、（鵜呑みにすることなく）自分の肥やしになりそうな参考意見として聞くという姿勢が大切です。いずれにしても、せっかく来校してもらったのですから、遠慮せずに講師を活用してほしいと思います。

それと、授業者ではなく参加者であれば、（最近では少なくなりつつありますが）懇親会などの席が講師に質問する絶好の機会となります。

4　授業づくり演習を取り入れてみよう

年に行う研究授業の機会が少なかったり、次の研究授業までに時間が空いてしまうよ

資料2　1単位時間の授業づくり演習（例）

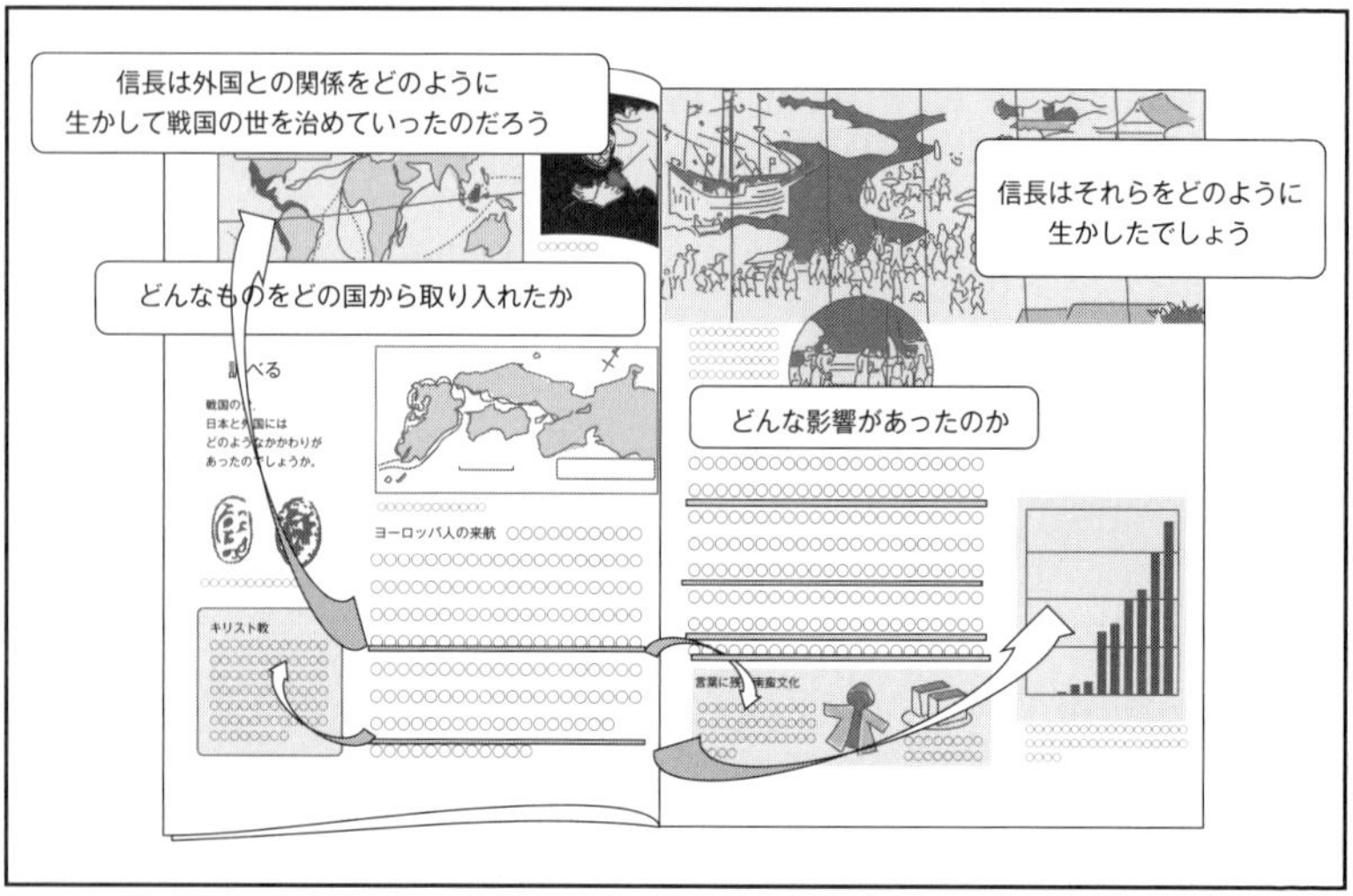
信長は外国との関係をどのように
生かして戦国の世を治めていったのだろう
どんなものをどの国から取り入れたか
信長はそれらをどのように
生かしたでしょう
どんな影響があったのか
ヨーロッパ人の来航
キリスト教

※教科書の紙面を参考に筆者作成

うなときであれば、授業づくり演習を取り入れてみるとよいでしょう。夏期休業など子供が登校してこない長期休業時期がよい機会となります。

ここからは社会科の例になりますが、「1単位時間の授業づくり演習」と「単元づくり演習」を紹介します。

(1)　1単位時間の授業づくり演習（例）

演習の手順は以下のとおりです（資料2も併せて参照）。

①教科書を開き、書かれていること（文）と資料（図表やイラストなど）をよく読む。

②それらが子供にとっても必要な情報となるよう「発問」を考える。

③あらためて、その発問に対して子供が答えるであろう文に線を引き、それを詳しく説明するために使えそうな図表やイラストなどと文を線で結ぶ。
④これらをページごとに行い、見開き1ページ（教科書は見開き1ページで1単位時間の授業を想定）で発問を2つか3つ設定する。
⑤その2つか3つの発問がストーリーとしてつながるように「本時の課題」を考える。

端的に言えば、「ゴール（子供の発言）」→「発問」→「本時の課題」と逆向きに授業をつくっていくという演習です。

右に挙げた手順をより視覚的にするのが次の二つです。

●発問や本時の課題を付箋に書いておき、直に教科書に貼る。
●教科書をコピーして文（段落のまとまり）や資料ごとに切り取り、子供の活動ベースで並べ替えながら模造紙に貼り、そこに発問や本時の課題を書き込んでいく。

この演習方法では、子供の発言についても根拠（教科書に書いてある本文）に基づいて理由付け（資料の解釈）を加えて結論（発問への答え）を主張するといった形になることから、それが定着することによって論理的思考力の育成につなげていくことができます（社会科の授業での発言方法としても身に付けさせたい形でもあります）。

(2) 1単位時間の学習評価に関する演習（例）

学習指導案を書くことの意味は78頁で述べましたが、目標と評価規準を往還して学習指導案を書いてみるという演習も考えられます。単元でも可能ですが、まずは1コマの授業で考えてみるとよいでしょう。

手順は以下のとおりです（**資料3**も併せて参照）。

①目標を考える（1コマの授業の場合には一つの資質・能力に絞るとよい）。

②学習展開を考えて主な学習活動をいくつか明記し、そのなかで目標の実現状況が確認できる学習活動（例えば、学習の終末にワークシートにまとめる活動など）への対応を考えて評価規準を決める。

③子供の学習のまとめの（ワークシートに記述しそうな）内容を想定して書く。

資料3　１単位時間の学習評価に関する演習

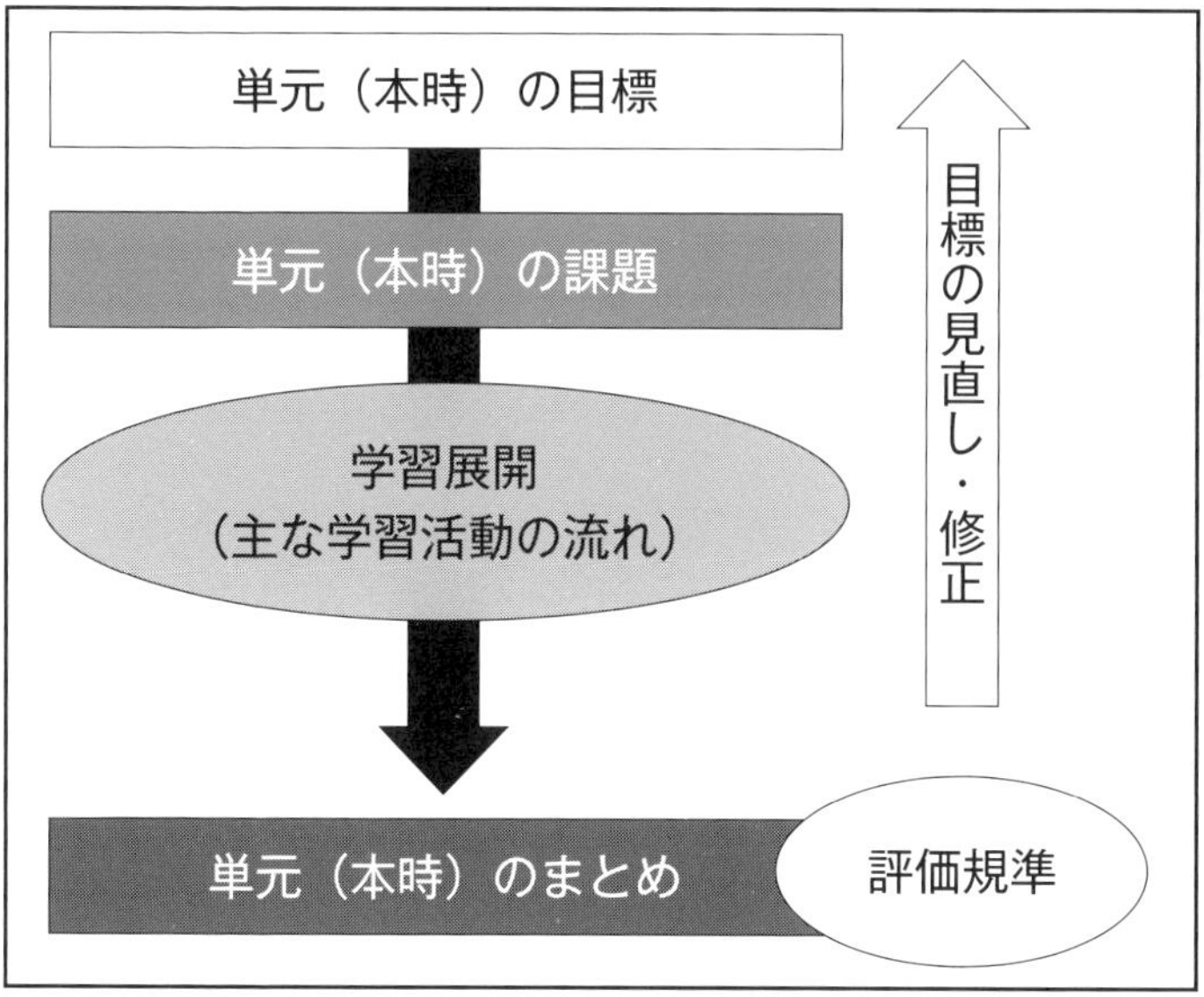

④評価規準と観点が、目標として設定した資質・能力と整合しているかをチェックする。

目標は1コマの授業全体（小で45分、中で50分）を対象にして書くのに対して、評価規準は（上述のように）目標の実現状況が確認できる学習活動（例えば10分）を対象に書くと考えれば、目標の文末表現を書き替えるだけでは子供たちの学習活動を評価できないことがわかります。

また、演習を通じて作成した学習指導案に則って実際に授業をしてみれば、その学習活動に応じた具体的な評価規準を書く必要性に気付けると思います。

資料4　単元の授業づくりの演習（中学校の例）

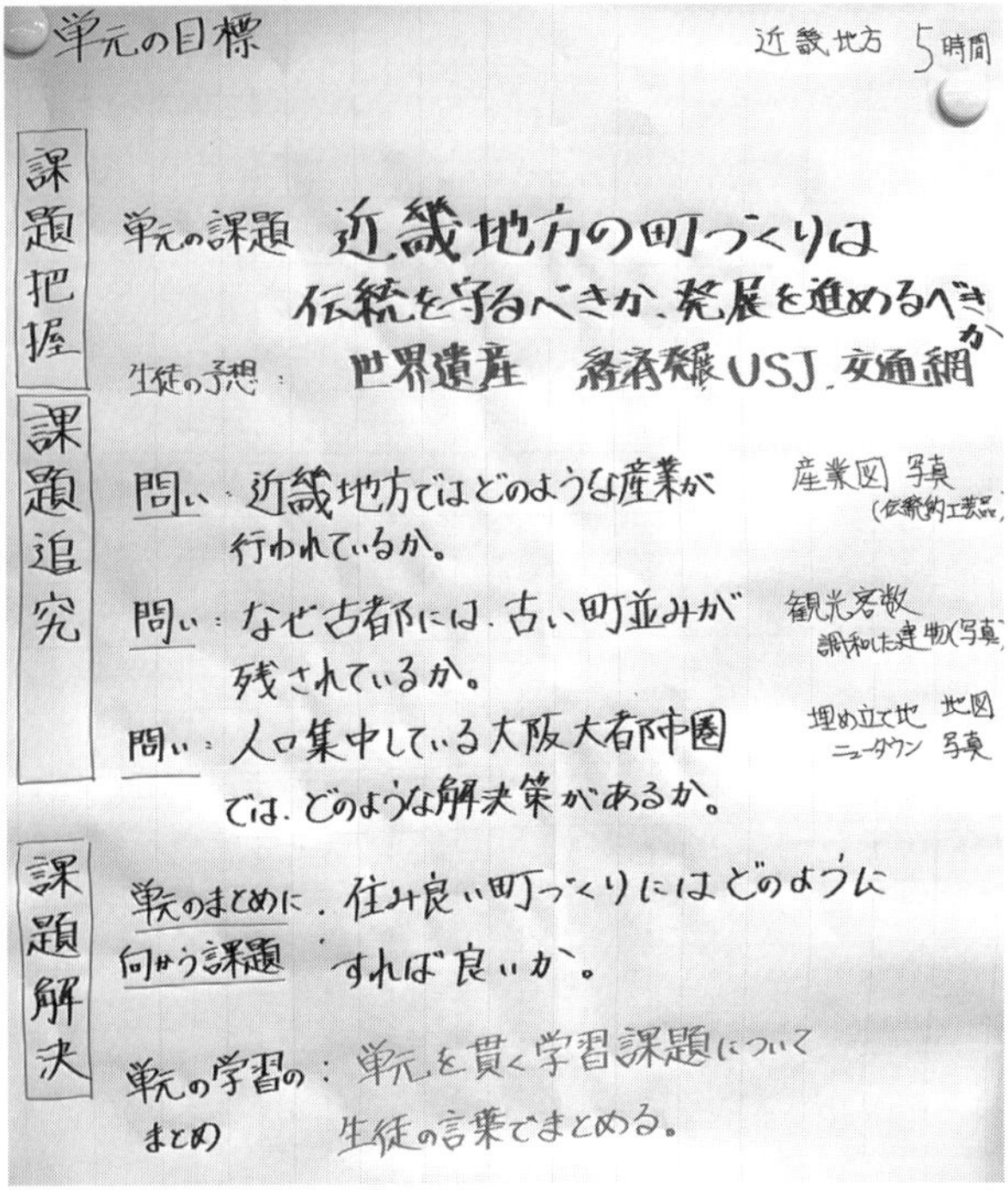
単元の目標　近畿地方　5時間

課題把握

単元の課題　近畿地方の町づくりは伝統を守るべきか、発展を進めるべきか

生徒の予想：世界遺産　経済発展　USJ、交通網

課題追究

問い：近畿地方ではどのような産業が行われているか。　産業図　写真（伝統的工芸品）

問い：なぜ古都には、古い町並みが残されているか。　観光客数　調和した建物（写真）

問い：人口集中している大阪大都市圏では、どのような解決策があるか。　埋め立て地　地図　ニュータウン　写真

課題解決

単元のまとめに向かう課題：住み良い町づくりにはどのようにすれば良いか。

単元の学習のまとめ：単元を貫く学習課題について生徒の言葉でまとめる。

こうした演習を通して、「目標の信頼性」や「評価規準の妥当性」を学んでいくわけです。

(3) 単元の授業づくりの演習（例）

単元づくりの演習にはコンセプトが必要です。

例えば、**資料4**の中学校の演習例のコンセプトは「選択」と「共有」です。主体的な学びをつくり出すために、子供の予想をできる限り重視し、それらをもとに毎時の問いを構成していきます。「課題追究段階」では、生徒が自分の意思やこだわりで「問い」を選

資料5　単元の授業づくりの演習（小学校の例）

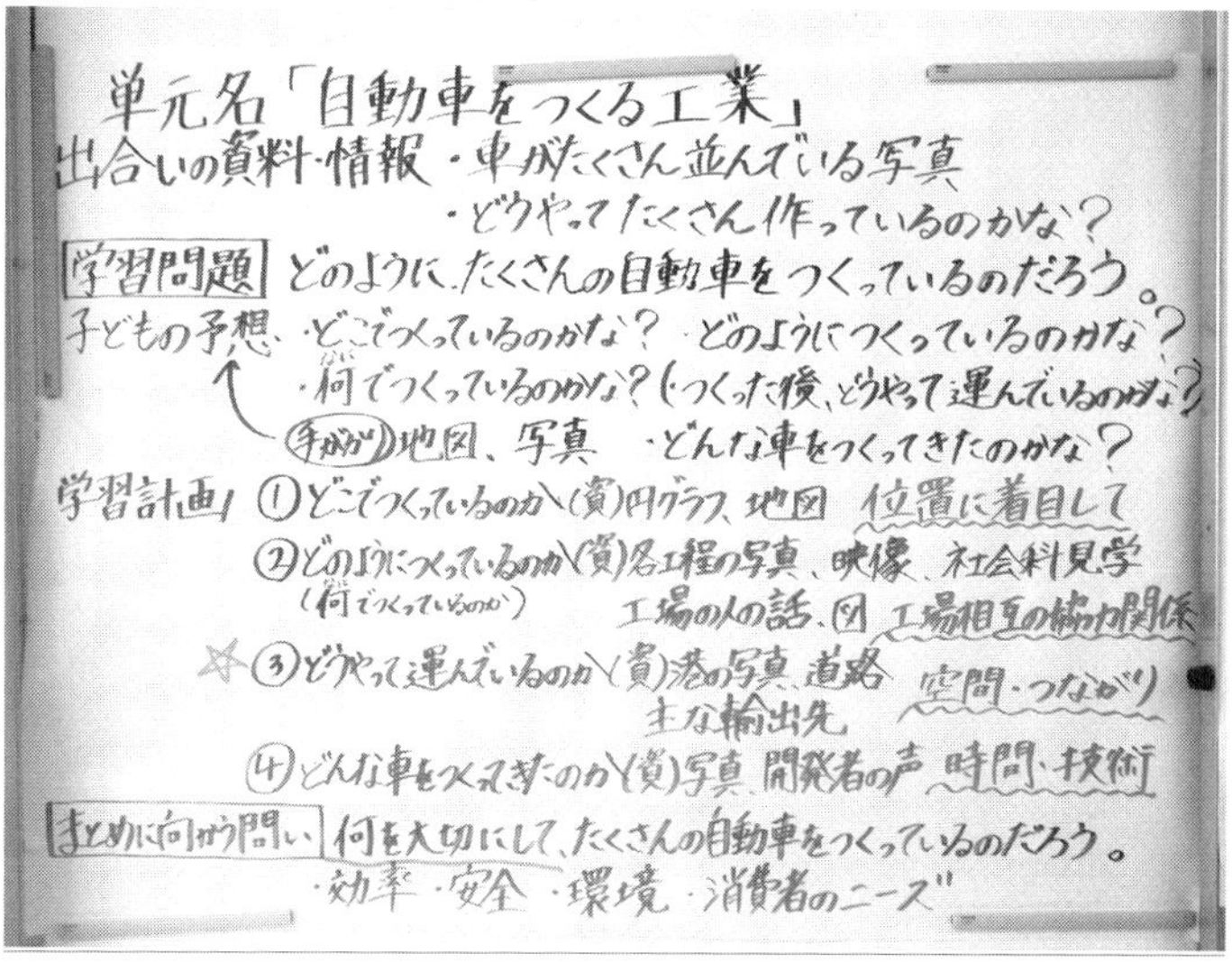

単元名「自動車をつくる工業」
出合いの資料・情報 ・車がたくさん並んでいる写真
・どうやってたくさん作っているのかな？
学習問題 どのように、たくさんの自動車をつくっているのだろう。
子どもの予想 ・どこでつくっているのかな？ ・どのようにつくっているのかな？
・何でつくっているのかな？ ・つくった後、どうやって運んでいるのかな？
手がかり 地図、写真 ・どんな車をつくってきたのかな？
学習計画 ①どこでつくっているのか（資）円グラフ、地図 位置に着目して
②どのようにつくっているのか（資）各工程の写真、映像、社会科見学
（何でつくっているのか）
工場の人の話、図 工場相互の協力関係
③どうやって運んでいるのか（資）港の写真、道路
主な輸出先 空間・つながり
④どんな車をつくってきたのか（資）写真、開発者の声 時間・技術
まとめに向かう問い 何を大切にして、たくさんの自動車をつくっているのだろう。
・効率 ・安全 ・環境 ・消費者のニーズ

択することも想定しています。

また、「まとめ」については、各「問い」に基づいて子供たちが調べたり考えたりしたことを、教師の課題提示によってまとめに向かう流れを描いています。学んだことを共有する場面の設定です。

模造紙を使ってグループで演習をするとなると、構想したり話し合ったりするのに結構な時間を必要とするので、書き込む要素をあまり欲張らないようにするのがポイントです。

次は小学校における演習例です。

資料5のコンセプトは「学習の見通し」と「見方・考え方」です（「単元の目標」についても大まかに考えてから取り組みますが、文言

の規定に時間を要することや、模造紙上で大きなスペースを取るため、ここでは割愛しています）。

学習問題を挟み込むように、資料提示で子供の意欲を高め（社会的事象との望ましい出合い）、予想を通して見通しをもたせる展開を構想しています。加えて、学習計画に見方・考え方を位置付け、それによって獲得したキーワードを使って学習をまとめる流れを描いています。

これらはいずれも社会科の例で、模造紙を使った作業的な演習ですが、例えば理科や体育であれば模擬実験や実技を取り入れるなど、（当たり前のように取り入れられていることではありますが）教科の特質を踏まえて効果的・効率的な方法を工夫してみるとよいでしょう。

(4) 単元を通した学習評価に関する演習（例）

資料6は、単元を通した学習評価の演習（例）です。

手順は以下のとおりです。

①単元の学習課題を決めて、それに迫る手立て（問い、学習活動、情報提示など）を書く。

資料6　単元を通した学習評価に関する演習（例）

学校名（メンバー）

教科等・学年・単元名「　　　　　　　　　　　　　　　　」（全○時間）

1　単元の目標

（1）

（2）

（3）

2　単元の展開イメージ

	問いと学習活動　【　　】評価の観点、「　　」評価規準
課題把握	学習課題に迫る　問い、学習活動、情報提示　【　　】 単元の学習課題 子供の見通し（こうしたい、こうすべき、こうではないか、こうしたらどうか）
課題追究	課題追究の問い① 主な学習活動 【　　】 課題追究の問い② 主な学習活動 【　　】 課題追究の問い③ 主な学習活動 【　　】 課題追究の問い④ 主な学習活動 【　　】 課題追究の問い⑤ 主な学習活動 【　　】
課題解決・まとめ	学習課題のまとめに向かう問い 【　　】「　　　　　　　　～している。」 （子供による学習のまとめ例） ○概ね満足（B）の姿例（複数） ・ ・ ○十分満足（A）の姿例（複数） ・ ・

②単元の学習課題に対する「子供から出されるであろう予想」を考え、それを基に1時間ごとの「課題追究の問い」として並べる。
③それらの問いに対応した「主な学習活動」を1時間ごとに書く。
④その学習活動に対応した評価の観点や評価規準を考えて書く。
⑤単元の終末に、観点を決めて「概ね満足できると判断した状況（B）」や「十分満足できると判断した状況（A）」について、子供の姿を複数書いておき、単元のまとめの評価ができるようにする。

コンセプトは「学習活動に対応した評価」で、1時間ごとに課題追究の中心となる学習活動を想定することや、その学習活動に対応した評価を考えることが大切であることを確認する演習です。

5　教育課程上、教科等横断的な学習活動をどのように捉え、取り組めばよいか

(1)　目標を明確にする

毎年度、教育委員会に届け出る「自校の教育課程」は、教科等の「目標」「内容」「時間数」

等を年間指導計画という形式でまとめているものと思います。この指導計画はあくまでも教科等の計画なので、(例えばプログラミング教育などといった)「○○教育」の時間数などについては明記していないはずです。なぜなら、年間指導計画上「○○教育の時間」というものが存在しているわけではないからです。

存在するのは、各教科等の時間を横断的に使用して、「○○教育の目標」に迫ろうとするカリキュラムです。したがって、目標と内容は独自に考えることができても、充てられる時間数は各教科等の時間数の組み合わせになるのです。

そのため、教科等横断的な「○○教育」を進めるに当たっては、「○○教育の目標」のみならず、横断する教科等の目標を明確にすることが欠かせません。目標が不明確であれば、どの教科等の授業のねらいも曖昧になるからです。

(2) 総合的な学習の時間をベースに目標を考える

「○○教育」の軸(カリキュラムの軸であり、時間数を一番使用する領域)に据えているのは、総合的な学習の時間(以下「総合」という)であることが多いでしょう。そこでここでは、総合の目標をベースにして、「○○教育の目標」について考えてみます。

まずは、小学校学習指導要領に定める総合の目標を振り返っておきましょう。

探究的な見方・考え方を働かせ、横断的・総合的な学習を行うことを通して、よりよく課題を解決し、自己の生き方を考えていくための資質・能力を次のとおり育成することを目指す。

(1) 探究的な学習の過程において、課題の解決に必要な知識及び技能を身に付け、課題に関わる概念を形成し、探究的な学習のよさを理解するようにする。

(2) 実社会や実生活の中から問いを見いだし、自分で課題を立て、情報を集め、整理・分析して、まとめ・表現することができるようにする。

(3) 探究的な学習に主体的・協働的に取り組むとともに、互いのよさを生かしながら、積極的に社会に参画しようとする態度を養う。

(傍線は筆者)

おそらくどのような「○○教育」においても、総合の目標のように課題解決力や主体性の発揮、社会への参画意識などの育成を目標に掲げているものと思われます。というのは、「○○教育」は、特定の教科等単独では解決し得ない実社会や実生活とつながる問題や課題を取り上げるからです。

(3) 知識に関わる資質・能力には、「○○教育」で重要になる概念を据える

3つの資質・能力の柱で考えてみると、「○○教育」ごとの特質は「知識」の違いに現れるのだろうと思います。

そこで、右に挙げた総合の目標の傍線部分に、「○○教育」において重要だと考えるキーワードをはめ込んでみるとよいのではないでしょうか。「国際理解教育」であれば、「国際交流の意義や共生の在り方などに関わる概念を形成し」、「環境教育」であれば「自然環境の価値や人間の関わり方、自然事象相互の関連などに関わる概念を形成し」といった具合です。

このように考えれば、総合を軸にして時間数を設定する自然な形のカリキュラムになり、そこに各教科等を関連付けた場合にも、（三つの資質・能力の柱は共通なので）双方の目標がつながりやすく（結び付けて考えやすく）なると思います。

加えて、各教科等の授業を「○○教育」と関連付けて実施する場合には、次頁の**資料7**で示すように教科等の目標を優先し、「○○教育」の目標については視点として位置付けるとよいでしょう。

資料7　教科の授業で「○○教育」の視点を取り入れる授業（単元）イメージ

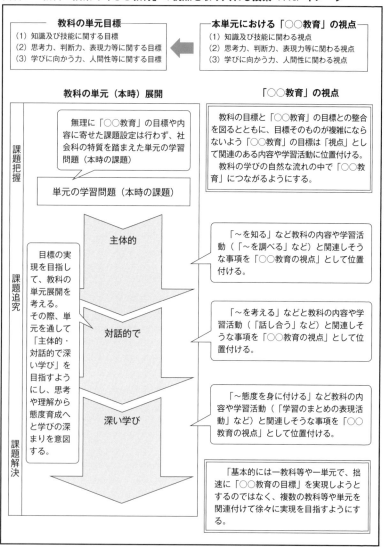

教科の単元目標

（1）知識及び技能に関する目標
（2）思考力、判断力、表現力等に関する目標
（3）学びに向かう力、人間性等に関する目標

本単元における「○○教育」の視点

（1）知識及び技能に関わる視点
（2）思考力、判断力、表現力等に関わる視点
（3）学びに向かう力、人間性に関わる視点

教科の単元（本時）展開

課題把握

無理に「○○教育」の目標や内容に寄せた課題設定は行わず、社会科の特質を踏まえた単元の学習問題（本時の課題）

単元の学習問題（本時の課題）

課題追究

主体的

対話的で

深い学び

課題解決

目標の実現を目指して、教科の単元展開を考える。その際、単元を通して「主体的・対話的で深い学び」を目指すようにし、思考や理解から態度育成へと学びの深まりを意図する。

「○○教育」の視点

教科の目標と「○○教育」の目標との整合を図るとともに、目標そのものが複雑にならないよう「○○教育」の目標は「視点」として関連のある内容や学習活動に位置付ける。
教科の学びの自然な流れの中で「○○教育」につながるようにする。

「～を知る」など教科の内容や学習活動（「～を調べる」など）と関連しそうな事項を「○○教育の視点」として位置付ける。

「～を考える」などと教科の内容や学習活動（「話し合う」など）と関連しそうな事項を「○○教育の視点」として位置付ける。

「～態度を身に付ける」など教科の内容や学習活動（「学習のまとめの表現活動」など）と関連しそうな事項を「○○教育の視点」として位置付ける。

「基本的には一教科等や一単元で、拙速に「○○教育の目標」を実現しようとするのではなく、複数の教科等や単元を関連付けて徐々に実現を目指すようにする。

例を挙げると、次のとおりです。

【国際理解教育の視点】 日本の文化と外国の文化の異同を考える（小学校第6学年：社会科）

【環境教育の視点】 命あるものの価値や人間としての関わり方を考える（中学校第3学年：道徳）

このように考えれば、**教科等横断を考える際のカリキュラム・マネジメントは、教科等ごとの内容や教材を配列する工夫に労力を費やすよりも**（これも大切なのですが）、**教科等の資質・能力の相互関連性に目を向けて位置付けることを重視したほうが風通しのよいカリキュラムになる**ことがわかると思います。

そうすれば、子供のなかで資質・能力が相互に結び付きながらバランスよく育成される「深い学び」の姿をイメージしやすくなるでしょう。

第4章

教師同士で共通理解を深めておきたいこと

単元や本時の授業のつくり方

教育研究においては常に新しいテーマに取り組むことが求められますが、不易あってこそです。発展を考えるに当たっても、まずは基礎を押さえることが大切です。その一つに挙げられるのが、単元や本時の授業のつくり方を知ることです。

とはいえ、必ずそうしなければならないといった決まりがあるわけではないので、ここでは、基礎として押さえておきたい事柄をいくつか紹介します。

1　単元のまとまりを構想する

学習指導要領は、多くの教科等において、単元や題材など、内容や時間のまとまりを見通して、「主体的・対話的で深い学び」の実現を図ることを求めています。この考え方は、校内研究においても同様です。1単位時間で考えるのではなく、単元全体を見通して授業の具体を考えます（資料1）。

そうすれば、3つの資質・能力の柱のうち、どこに比重をかける授業なのかを意識し

資料1　単元における育てたい資質・能力の重点化イメージ

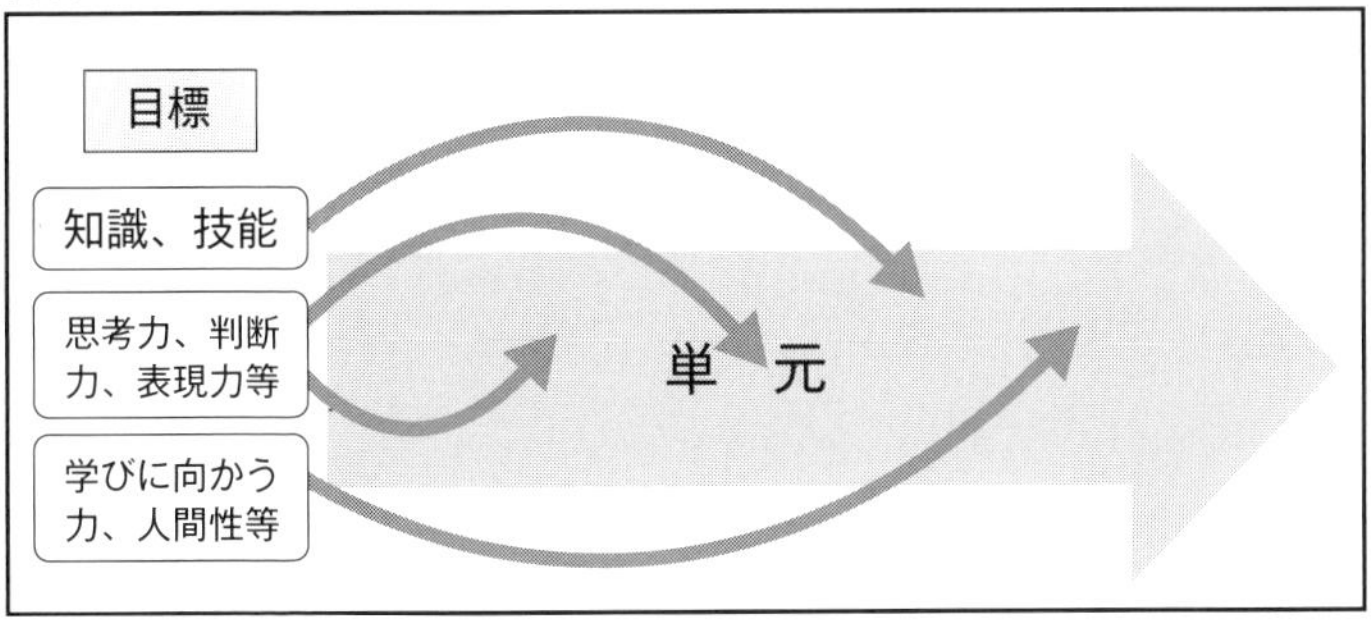

資料2　単元づくりのイメージ

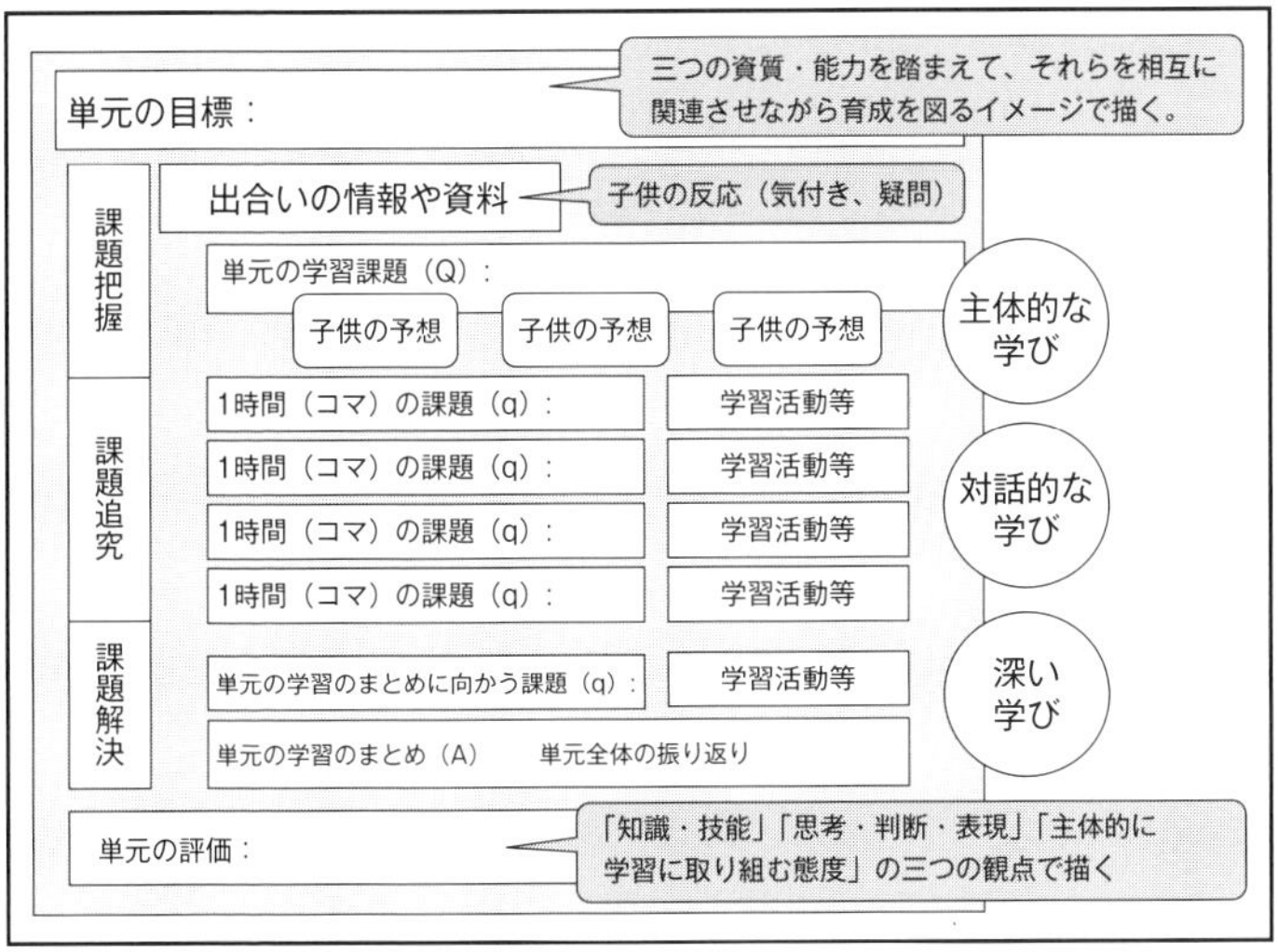

ながら研究授業に臨むことができるし、「主体的・対話的で深い学び」についても、「1単位時間ですべてを提案できなくてもよい」といった安心感が生まれます。

資料2は、「導入（課題把握の段階）はより主体的に、展開（課題追究の段階）はより対話的に、終末（課題解決の段階）は深い学びに」を意識した単元をつくる考え方をイメージ図にまとめたものです（ただし、各時間がそれぞれ「主体的」「対話的」「深い」に分けられるという意味ではない点に注意が必要です）。

学習評価についても、**資料3**のように明確にしておけば、本時は「どの観点」の「どのような評価規準」で評価するのかがわかりやすくなり、参観者のほうも押さえるべきポイントを意識しながら授業を見られるようになります。

もし、「単元を通じて資質・能力をどのように育成するのか」が曖昧なまま授業を公開すれば、「木を見て森を見ず」の喩えのように、授業を行うほうも見るほうも、「どんな研究がしたいのか」がよくわからないものとなってしまうでしょう。

2 本時（1単位時間）の展開を考える

本時の学習指導案をつくるに当たっては、**資料4**に示すプロセスを踏むことが考えられます。これもまた、押さえておきたい基礎の一つです。

ポイントは次の二つ。

一つめは「関連付けて考えること」です。

資料5　授業を記録する際のポイント

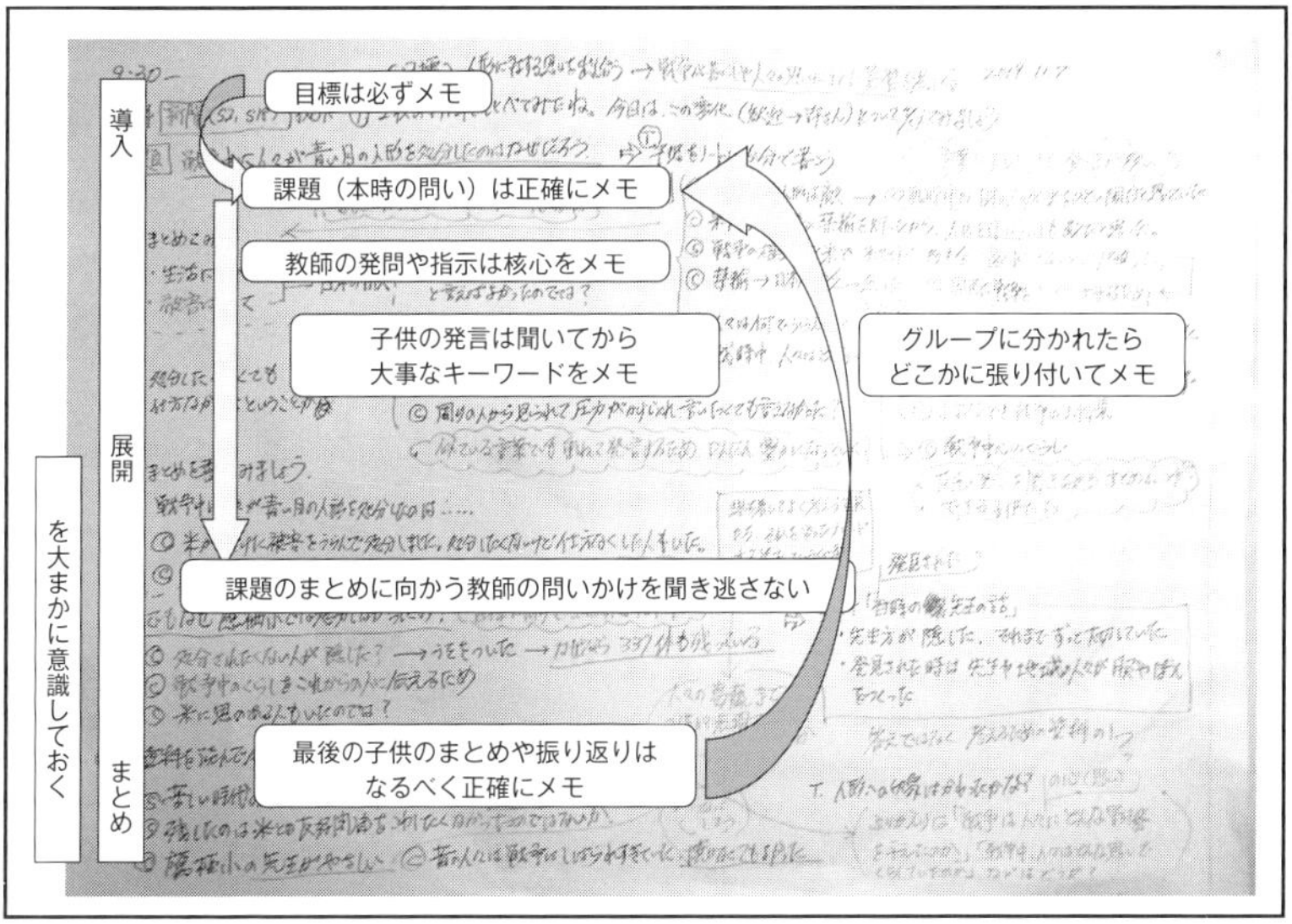

1　本時の授業展開を分析的に見る

授業を見る際には「どのように授業記録を取ればよいか」を知っておく必要があります（資料5）。ここでは、その方法を紹介していきましょう。

(1)　目標を必ずメモする

教師が進める指導の手立てはすべて「目標の実現」に向かうものなので、必ずメモします。目標はいわば、「授業のコントロールタワー」だからです。

注目すべき点は、学習活動が書かれている前半部分よりも、「〜を身に付ける」「〜をできるようにする」などと書かれている後半部分です。これは、「どのような資質・能力を育てるか」を表す箇所だからです。

(2) 課題（本時の問い）は正確にメモする

教師にとっての授業のねらいが「目標」だとすれば、子供にとっての授業のねらいは「課題」（本時の問い）です。

このように捉えておけば、「課題」をメモしながら（意識しながら）授業を見ることによって、「本時の授業では、課題に沿って学習が進んでいるか」という視点から授業展開を的確に把握できるようになります。

(3) 教師の発問、指示、子供の発言は、よく聞いてから趣旨を理解してメモする

教師の発問や子供の発言などの情報量は多いためメモするスピードが追いつかないことがあります。加えて、子供の反応（つぶやきなど）は重なり合うことも少なくないことから、発言内容をうまく聞き取れないこともあるでしょう。そのため、「記録するのはむずかしい、たいへんだ」などととと悩む方もいるかもしれません。

そうした方に伝えたいのは、「すべてを記録しようとはしない」と割り切ることです。

書き切れなかったり、聞き逃したりしたものはすっぱり諦めます。

重要なのは、授業が動き出す起点となるような教師の発問や指示、子供の反応です。そこで、まずは慌てずしっかり耳を澄まし、聞き取れた内容の趣旨や意図を理解したうえで記録するようにします。文章化するのがむずかしいときには、キーワードのみを記述しておくというのも手です。

いずれにしても、授業の様子を記録する目的は、授業展開（流れ）と授業の構造（仕かけ）をつかむことだという認識で臨めばよいと思います。

(4) 授業の終盤、子供の学習のまとめや振り返りは正確にメモする

授業記録は終盤に向かうほど重要性を増します。「学習のまとめ」は目標を実現した子供の具体的な姿になるし、「振り返り」は本時の学習に対する子供の受け止めが書かれることが多いので、研究テーマ等に直結する検証材料になることが多いからです。

(5) Ａ４判用紙１ページを心がける

可能であれば、「導入（課題把握）」→「展開（課題追究）」→「終末（課題解決）」といった

資料6　学習の展開や視点を意識しながらA4・1枚にまとめる

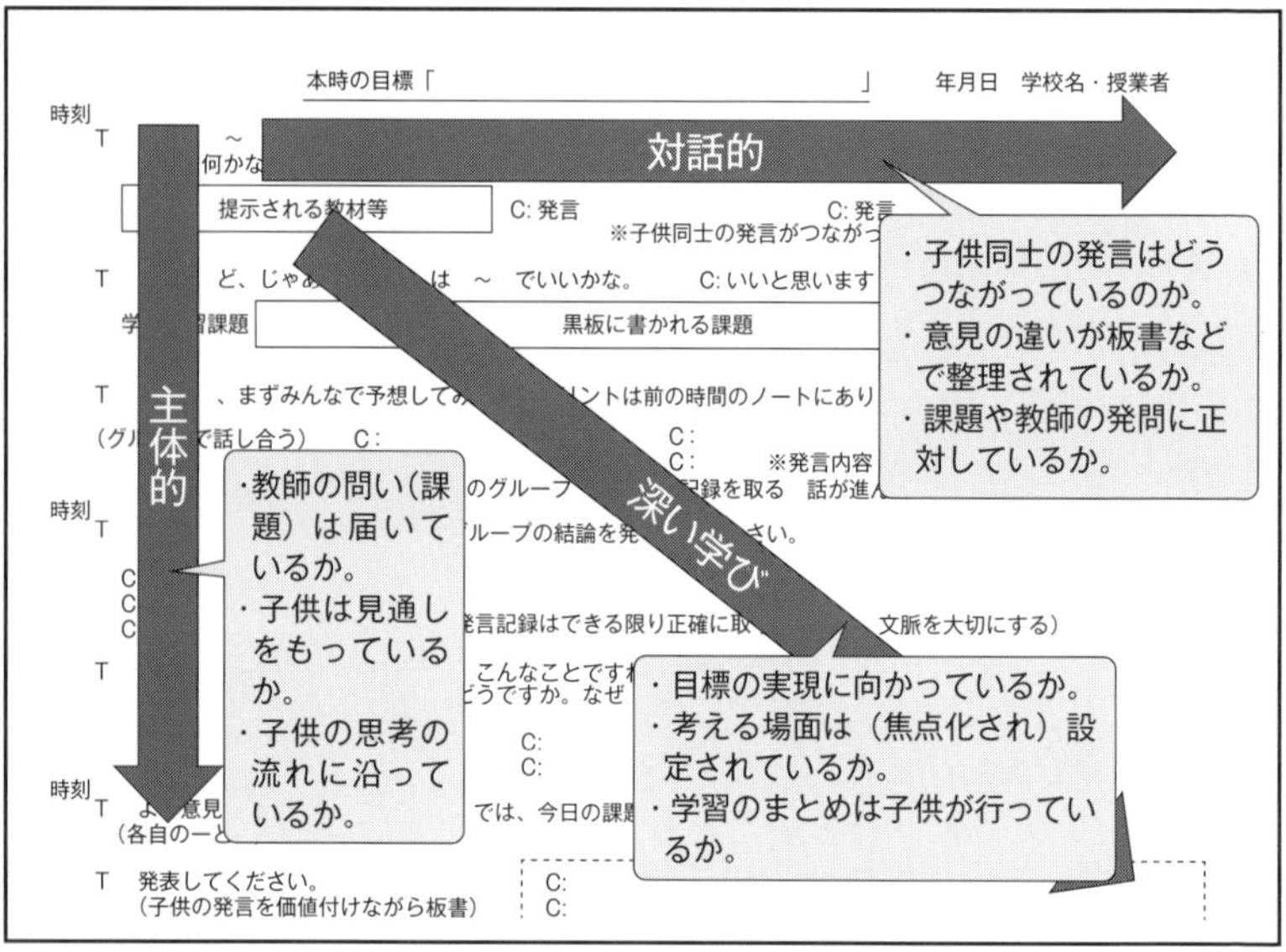
本時の目標「　」
年月日　学校名・授業者
時刻
対話的
主体的
深い学び
提示される教材等
C: 発言
黒板に書かれる課題
・子供同士の発言はどうつながっているのか。
・意見の違いが板書などで整理されているか。
・課題や教師の発問に正対しているか。
・教師の問い（課題）は届いているか。
・子供は見通しをもっているか。
・子供の思考の流れに沿っているか。
・目標の実現に向かっているか。
・考える場面は（焦点化され）設定されているか。
・学習のまとめは子供が行っているか。
T　発表してください。
（子供の発言を価値付けながら板書）

学習展開を意識しながら記録できるとよいでしょう。

その際、記録する分量のめやすを付けておき、全体をA4・1枚にまとめておけると本時全体を見通しやすくなり、授業を分析しやすくなります。

1単位時間の授業のなかで「主体的・対話的で深い学び」の展開を見極めたい場合には、**資料6**のようなイメージをもって自問自答しながらメモを構成すると、自身の学びを深めやすくなります。

加えて（「2　本時（1単位時間）の展開を考える」で述べたように）授業構成の意図が適切かどうか、ダウトをかけながら見れば、さらに詳細に考察できるようにな

資料7　学習指導案づくりのプロセス例（資料4をベースに改変）

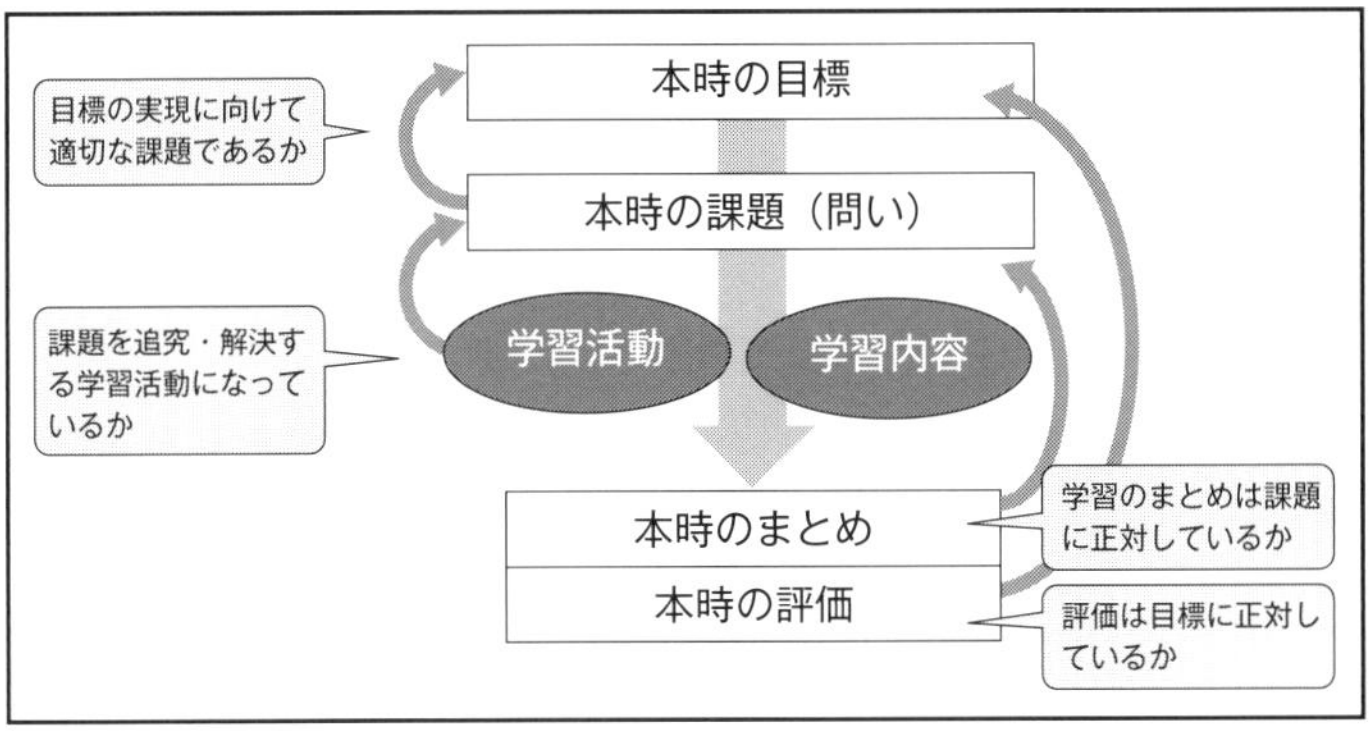

資料8　黒板に書かれる言葉の構成例

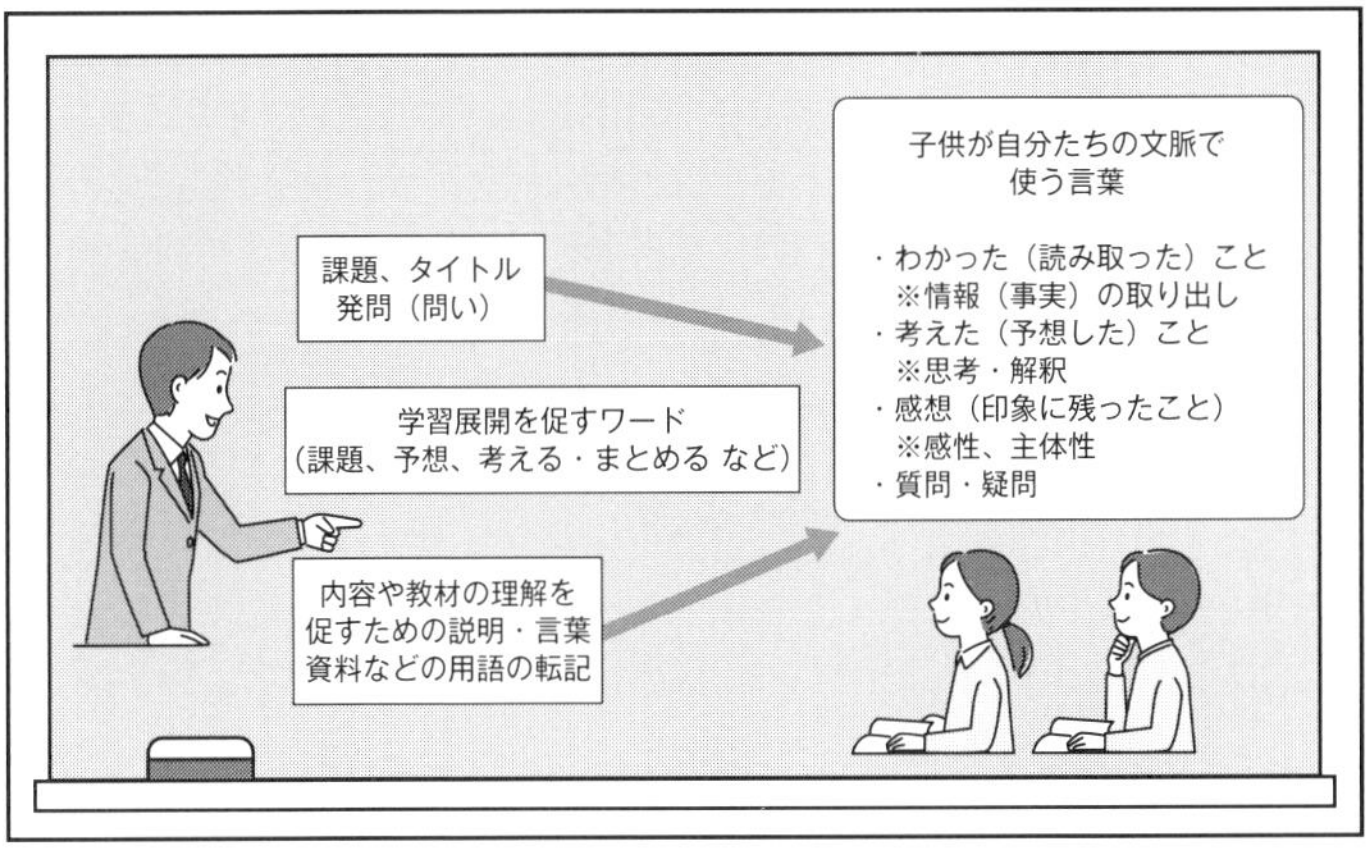

ります（資料7）。

2　教師の指導と子供の発言を関連付けながら見る

黒板を使用する授業であれば、板書された言葉や文をよく分析することが大切です。

多くの教科等では主に、次の事柄が板書されます（資料8）。

●課題や学習内容のタイトル、発問
●「課題」「予想」「考える」「まとめる」など、学習展開を促すキーワード
●内容や教材についての理解を促すための補足説明
●資料などに書かれている情報や用語の写し（転記）

これらはいずれも教師の意図のもとで板書されます。

その一方でもう一つ、授業展開次第で内容が決まってくる事柄があります。それは子供たちの発言内容です。大きくは次のように分類されます。

●授業の内容について「わかったこと」
●資料などから情報を「読み取ったこと」
●考えたり予想したりしたこと、情報について自分で「解釈したこと」
●感じたことや印象に残ったことなど「感想に近いこと」
●質問や疑問など子供から出された「問い」

ただし、実際に授業を参観している最中であれば、ここまで細かく分けて考える必要はありません（記録が追いつかなくなります）。そこで最低限、次の2点について押さえておけばよいでしょう。

●事実をそのままなぞっている発言
●自分の解釈を加えて考えを主張している発言

授業記録は「TとC」（小学校）、「TとS」（中学校）といったように教師（T）と子供（CまたはS）のやりとりで記録していくことが多いので、T「教師の指導」とCやS「それによる子供の学び」を関連付けて見ていくことが大切です。

3 その他の見方

次のような授業の見方もあります。

資料9　深い学びのための手立ての必要性

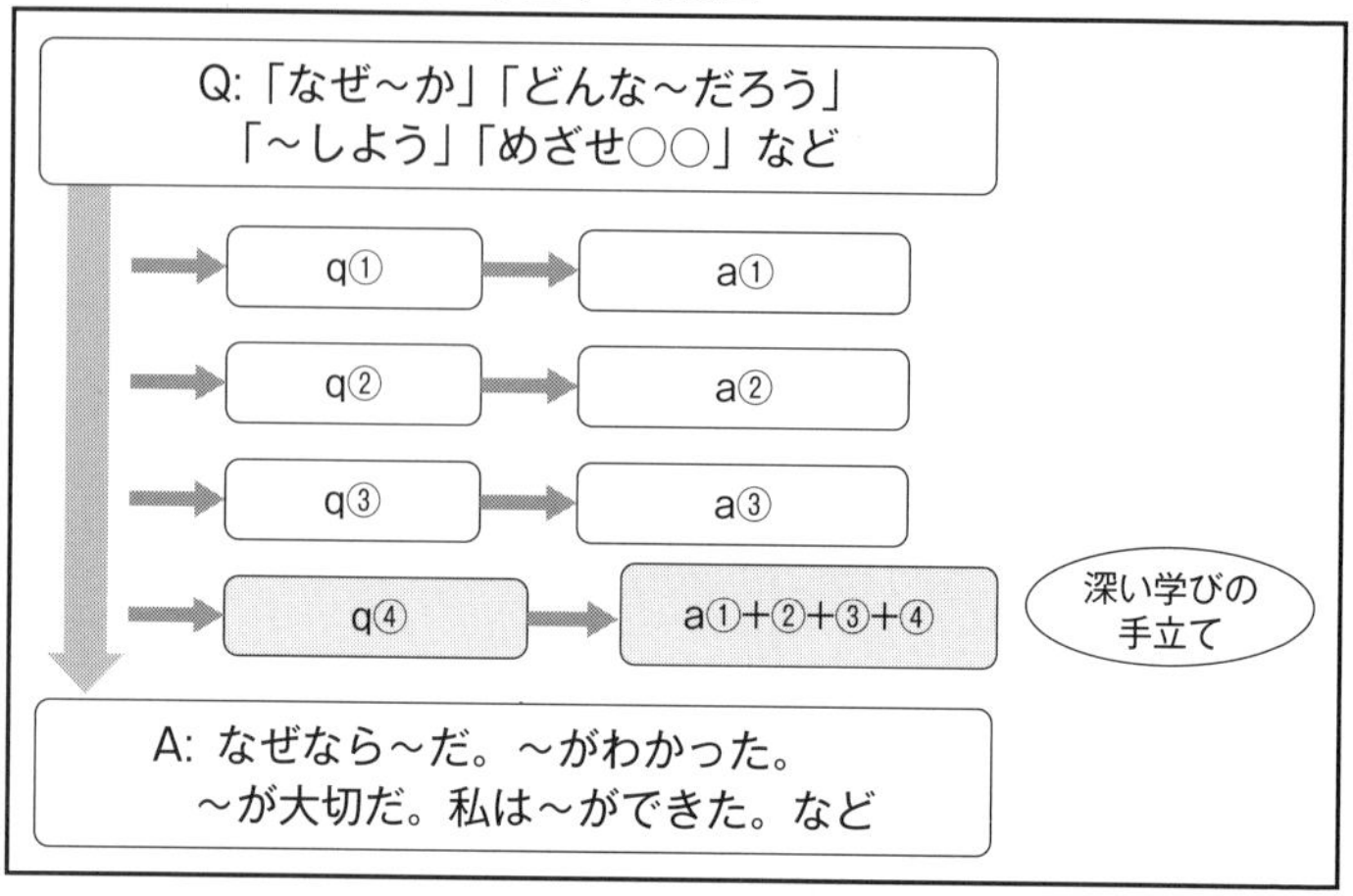
Q:「なぜ～か」「どんな～だろう」
「～しよう」「めざせ○○」など
q①
a①
q②
a②
q③
a③
q④
a①+②+③+④
深い学びの
手立て
A: なぜなら～だ。～がわかった。
～が大切だ。私は～ができた。など

●単元の位置付けで見る（110頁以降）

●学習評価から子供の学びを見る（172頁以降）

加えてもう一つ、興味深い見方があります。それは「授業後半の教師の手立てをよく見る」というものです。

授業は、後半になるにしたがって、子供にとっては課題解決に向かい、教師にとっては目標実現に迫るように意図されます。そうであるはずなのに、最近、全国のたくさんの授業を見ていて感じるのが、「迫るための『手立て』が不明確である」という点です。

どのような授業であっても基本的に、教師の問いかけや新たな情報提示、まとめるための話合い活動などが「手立て」としてあるはずなのですが、それらがないままに「振り返り」と称して感想を書かせて終えてしまう授業が少なくないのです。

もちろん、どの教科等のどの授業においても、課題解決やまとめを書かせなければならないわけではありません。ただ、授業のなかで子供に課題を提示して問い（Q）かけたのなら、それに対する結論や答え、自分なりのまとめ（A）を子供に表現させてほしいと思うのです（資料9）。なぜなら、**その表現こそが本時の目標を実現している姿であり、資質・能力の三つの柱が相互に結び付いた、子供たちの「深い学び」の姿である**からです。

研究協議会に臨む姿勢

研究協議会の設定の仕方については83頁以降で述べているので、ここでは研究協議会に臨む姿勢について、共通理解しておきたいことを述べたいと思います。

1　研究テーマや研究内容に沿って協議する姿勢

研究協議会の場を指導技術論に終始させないためにも、研究テーマや研究内容に沿っ

資料10

例

事前に示す部分

授業改善の視点		本時の授業での手立て		本時の子供の学び
①子供が意欲と見通しをもって学べる課題設定の工夫	→	①各自が自分の予想を基に追究する課題を選んで取り組む	→	①自分の予想を基に熱心に調べていた（A さん）、課題が選べないままグループに参加した（B さん）など
②子供が情報共有しながら学び合う学習活動の工夫	→	②共有アプリを活用し思考ツールに整理して話し合う	→	②共有アプリ画面を見ながらだと話し合いやすいと感じた（学級全体）、異なる意見の比較や関連付けが難しいようだった（Cさん）
③子供が学んだことの意味を自覚できる振り返りの場の工夫	→	③ポートフォリオ型の振り返りシートの活用	→	③「……」と今日の成果を嬉しげに表現していた（Dさん）、ABC 自己評価はこの学年では難しいと感じた（E グループ）

参加者が書き込む部分（本時の子供の学び）

て協議できるようにしたいものです。

特に、研究授業についての協議は「授業改善の視点」（全員で授業を見るための視点）を明示し、それに基づく「本時における手立てや工夫点」を見いだし、その結果としての子供の学びを協議するといった「研究と関連付けた協議」を目指していきましょう。

例えば**資料10**のように、「授業改善の視点」と「本時の授業における手立て」をつなげた資料を事前に配布するなどして共有しておき、参観者がその視点と手立てを通して指導の事実や子供の学びの事実を空欄に書き込むようにします。研究協議会の司会者はそれらを意識して協議を進行することを心がけるとよいでしょう。

ただし、これだけに絞ってしまうと研究を広げたり発展させたりするチャンスが生まれないこともあり得ます。

気付いたことや研究全体に関わることなどを忌憚なく率直に発言し合える雰囲気をつくることにも心を砕いてほしいと思います。

2 司会（進行役）はファシリテーター

ファシリテーター（Facilitator）とは、会議や商談などの場で参加者の発言を促したり、要点を提示したりしてよりよいゴールに導く進行役です。司会進行にとどまらず、意見の対立や感情のぶつかり合いをうまくコントロールし、目標・目的の達成を支援します。

このファシリテーターを協議会の司会者（進行役）に置き換えれば、次のような役割を挙げることができるでしょう。

- 会議や研修などの進行役
- 参加者に発言を促すサポート役
- 会議や研修の目的であるゴールに参加者を導く誘導役　など

そこで、司会（進行役）の先生方には、次のように協議会を切り盛りしてほしいと思います。

●グループ協議、報告や質疑、全体での協議など、いずれの協議においても、全体に問いかけて発言を引き出す。
●個別の意見同士を比較して協議の軸を生み出す。
●話が脱線しそうになったら修正をかける。
●講師に対する質問を整理する。
●そしてなにより、遠慮せずにどんどん発言を促し、協議を活性化させる。

3　参加姿勢

研究協議会を進めやすくする方法には、ほかにもいろいろと考えられると思いますが、ここまで述べてきたことを踏まえ、特に以下に挙げる「五つの姿勢」を、先生方と共有することを勧めたいと思います。

①「協働研究として授業をつくっていく」「校内みんなで授業を改善していく」という協働的な姿勢

②課題を指摘して終わりとするのではなく、代案を提案するなど建設的・創造的な姿勢

③変化を急がず、成果を丹念に追う実証的な姿勢

④開始や終了の時刻を守る効率的な姿勢

⑤「研究は厳しく、人間関係は温かく」の人間的な姿勢

第5章

校内研究の改善に欠かせない10の視点

本章では、次に挙げる10の視点に基づき、校内研究の改善策について考えていきたいと思います。

【視点①】効果的・効率的に行う視点
【視点②】自分の授業を自己調整する視点
【視点③】カリキュラムをマネジメントする視点
【視点④】授業イメージを共有する視点
【視点⑤】全員参加の視点
【視点⑥】教師の自己実現を図る視点
【視点⑦】学校の組織力を向上する視点
【視点⑧】不易であれ流行であれ、本質を捉える視点
【視点⑨】学級経営を重視する視点
【視点⑩】研究成果を見える化する視点

［視点①］効果的・効率的に行う視点

校内研究というと、「日々の授業で手一杯」「子供や保護者への対応に追われて手が回らない」「研究推進役の負担が大きすぎる」など、手間暇や負担感が論じられることがあります。

その背景にはいろいろ考えられると思いますが、その一つに考えられるのが、「せっかく時間をかけて取り組んだのに、たいして授業改善につながっていないのではないか」といった徒労感や失望感があるように思います。

こうしたネガティブな状況を打開するためにも、校内研究については、前例踏襲にとらわれることなく、「効果」や「効率」に目を向けて刷新していくべき時期に来ていると思います。

実際、次に挙げるような取組も見られます。

●研究授業後の協議において、ＩＣＴを活用して意見をとりまとめ、グループごとに代表者が報告する。

●研究授業を録画しておき、リアルタイムで見ることができなかった教師に（空き時間等に）視聴してもらうようにしておき、協議会については全員が集まれる日に設定する（あるいは紙やデータで意見を収集する）。

●中学校においては、教科担当や数人グループで空き時間をそろえ、グループで研究できるようにする（全校で時間割をやりくりしてグループで授業を見合い、放課後に短時間の協議の場を設ける）。

ほかにも、オンラインで授業を公開し、その後の協議もオンラインで行う例もあります。これは、どちらかというと、授業公開日に来校できない他校の先生方に対する対応です。例えば教育公務員特例法（第22条第2項）に定める職務専念義務免除扱いにしてもらったり、学校管理規則に定める出張扱いにしてもらったりするのがむずかしい地域・学校などであれば、移動時間などの短縮にもつながります。

本来的には、みんなで一堂に会し、リアルに授業を参観し、対面で協議するほうが学ぶ意欲も高まるだろうし、意見交換も活発になる確度が上がることでしょう。ただ、校内研究のもち方・バリエーションが増えたと前向きに捉え、年間のうちの何度かについては、意図をもってオンラインを選択するといった考え方もありだと思います。

［視点②］自分の授業を自己調整する視点

（他の章でも述べたように）経験1年目の若手も経験30年を超えるベテランも、共に教諭であれば同僚です。だからといって、若手がベテランに対してフラットに、忌憚なく、研究協議会などの場で厳しく指摘するのはむずかしいでしょう。

〝うっかり言いすぎたら、その後の人間関係に悪い影響が生じるのではないか〟などと心配に思う気持ちが湧くこともあります。ただ、そう言ってばかりでは、全員参加の建設的な研究にすることは叶わないことも事実です。

その解決策の一つとして挙げたいのが、「授業力の自己診断シート」の活用です。

校内研究においては、「各自が目的意識をもって臨むこと」「異なる意見をよりどころにして協働的に学ぶこと」が大切であり、その前提となるのが、「自分の授業に対する自己評価意識や課題意識を教師一人一人がもっていること」です。

しかし、言うは易く行うは難しで、意外とむずかしいことの一つです。なぜなら、日々

資料1　授業力の自己診断シートの項目例

○自分の授業の特徴やよさを挙げると？
○自分の授業で常に心がけていることは？
○「子供を大切にする」ために努力していることは？
○授業を進める上で難しいと感じていることは？
○これから自分が努力して改善していこうとしている点は？
○他の先生に授業を観てもらうとしたらどんな場面を？
○校内研究で他の先生から教えてもらいたい点や参考にするために観てみたい指導場面は？
○最終的に自分が目指したい授業イメージを言葉にすると？

の自分の授業を客観的に自己分析するのは容易ではないからです。だからこそ、私たちは他者からの（批判を含めた）評価を必要とするわけですが、自分一人でもできることがあると思います。それが、授業力の自己診断です（**資料1**）。

近年の授業においては、子供たちが主体的に学習に取んだり、自ら学習を調整しようとしたりする活動を取り入れていると思います。これらの根底にあるのは「メタ認知」であり、教師自身にも必要な能力の一つです。

教師自身が「メタ認知」を働かせ、自分の授業を俯瞰して目標（課題改善）の実現状況を捉えられるようにする方法の一つが、この自己診断だということです。

自己診断シート活用のポイントは、次のとおり。

- A４判１枚程度のシートに書く。
- 自己診断項目は各学校の実情を踏まえて具体的に考える。
- 記述する際は、「これまで他者からどのような指導や助言を受けたか」といったことはいったん脇に置き、まずは自分で感じ考えたことを重視する。
- 毎年、校内研究のスタート時に全教員が書いて一覧にまとめたり、回し読みをしたりする。

これまでも「自己評価」として取り組んできた試みだと思いますが、ここではあえて「評価」とはせずに「診断」としています。「評価」というと、どうしても「よし悪しを推し量る」といった意味合いが強くなり、堅苦しくなるからです。「診断」であれば、どちらかというと現状認識を深めるといった意味合いが強くなり、堅苦しくなく、前向きでおもしろそうなイメージをもてるのではないでしょうか。

もう一つ重要なのは、自分で自分の授業を診断したら、そこで終わりにしないということです。（右に挙げたように）先生方で回し読みをし、他者がどのように授業を自己診断しているかを知る機会をつくります（自己診断シートをデータ化し、クラウドなどを活用して共有するのもよいでしょう）。

若手であれば、〝ベテランは経験があるのに、今も謙虚に学ぼうとしている〟とか、〝授業改善ってゴールがない。それでも改善していこうとする向上心が大切だな〟などとベテランから学ぶ機会になるでしょうし、ベテランにしても、〝若いのにしっかり考えているな〟とか、〝なるほど、若い人たちはそういう視点をもっているのだな〟などと感じ取るなど、お互いに胸襟を開く機会ともなるはずです。

そしてなにより、自己診断は（私たちが子供たちの学習に求めているのと同じように）教師が自らの授業を自己調整する活動だと私は思います。

＊

さて、「自己診断シート」については、実際に多くの学校で活用してもらっています。そこでここでは、小学校教師と中学校教師が一緒に校内研究を進めている小中一貫校で取り組んでもらった「自己診断シート」への記入内容を抜粋して紹介します。

※情報協力：宮古島市立小中一貫教育校「結の橋学園」／［小］小学校（第1～6学年）教師／［中］中学校（第7～9学年）教師／［特］特別支援学級担任

①自分の授業の特徴やよさを挙げると？

●笑いを入れて雰囲気のよい授業にしている［小］
●自主性を重んじて失敗を糧に自由度の高い授業［小］
●板書を中心に生徒のペースに合わせた授業［中］［特］
●時事的な話題を盛り込んでやりとりしたり、子供のちょっとした発言を生かしたりする授業［中］

②自分の授業で常に心がけていることは？

●笑顔でいることと、子供が見やすい板書［小］
●全員が課題解決できるような学び合いや伝え合い［小］
●子供が考える場面を必ず設定して、答えは与えず、自分でまとめ発表する時間を取ること［中］
●教師として新しい知識や視点をアップデートできるよう生徒の反応を楽しむこと［中］
●子供より明るく元気よく熱意をもっていること［中］

●子供がやるべき活動を理解できているのかの確認とその補助［特］

③「子供を大切にする」ために努力していることは？

●学級への所属感や安心感をもてるようにすること、教師はいつでも味方であることが伝わるように関わり信頼関係をつくること［小］

●どんなことに関心があるか、何をわかっているかなど実態把握に努めて授業に臨むこと［小］

●できないこと、苦手なことも認めながら、よいところを褒めること［中］

●意見をできる限り引き出して取り上げ、褒めること［中］

●少数の意見を大切にすること［特］

④授業を進める上で難しいと感じていることは？

●共有場面での言葉のつなぎ方、まとめ方［小］

●子供を引きつけて、子供がその気になる問いの言葉・表現［小］

●理解力や表現力に差がある際、授業をどの状況に合わせればよいか［小］

●「できない・わからない」と思い込んでいる子供の苦手意識を克服する方法［中］

●多様性への対応、配慮が必要な子供への手立て［中］

⑤これから自分が努力して改善していこうとしている点は？

●単元を見通して評価の計画を立てること［小］
●子供のノートからつまずきポイントを見いだして、次の授業に生かすこと［小］
●教師がしゃべりすぎない、説明しすぎないこと［小］
●対話や交流の仕方のバリエーションを増やすこと、練り合いの工夫［小］［中］
●子供の振り返りを授業に生かす評価の在り方、既習事項の生かし方［中］
●子供が主体的に課題に取り組むための手立て全般［中］
●ICTを活用した思考の共有化や自分の意見の構築［中］
●子供に自信をもたせる関わり方、評価［特］

⑥他の先生に授業を観てもらうとしたらどんな場面を？

●課題提示後の活動の工夫が効果的かどうか［小］
●課題解決に向けて子供が学び合う・交流する場面、発表する場面における指導方法が効果的かどうか［小］［特］
●子供が単元を見通せるような課題設定になっているか、そのための問いかけは適切かどうか［中］
●多様な考えが出された場面での教師のまとめ方が適切かどうか［中］

⑦校内研究で他の先生から教えてもらいたい点や参考にするために観てみたい指導場面は？

●子供の意欲を高める問いの言葉や問いかけ方［小］
●学習課題（めあて）の設定の仕方［小］
●発言しない子供への対応の仕方や指導の工夫［小］
●ＩＣＴの効果的な活用方法［中］
●子供が自分らしく自力で行うまとめと基礎・基本の定着をどう両立するか［中］

⑧最終的に自分が目指したい授業イメージを言葉にすると？

●楽しく身に付く授業［小］
●伸びしろがある授業［小］
●学ぶことの楽しさがあり子供の世界が広がる授業［小］
●全員が誰とでも話せる授業［小］
●子供たちが笑顔でコミュニケーションする授業［中］
●学んだことで疑問が出てくる授業、もっと知りたい、考えたいという気持ちを醸成できる授業［中］
●学んだことの意味や意義を自分の中に落とし込んでいくことのできる授業［中］

●楽しい授業、あきらめない人を育てる授業［中］
●教師と子供で楽しくやりとりする授業［中］
●生徒も教師も生き生きとした授業［特］

こうした内容を眺めてみると、（当該校は小・中学校で一緒に研究を進めていることも関係していると思いますが）最近は小学校と中学校の教師の願いや考えがかなり共通してきているように感じます。また特別支援学級の教師の願いや考えは、やはり教育の本質に関わるものであることにも気付きます。

［視点③］カリキュラムをマネジメントする視点

学習指導要領「総則」においては、「教科等横断的な内容配列」「ＰＤＣＡによる改善」「地域資源の活用」といった三つの側面が挙げられていますが、カリキュラムをマネジメントする目的を端的に言えば、「各学校の教育目標の実現を目指して各教科等の授業を改善し、教育活動の質を向上させること」にあります。そもそもカリキュラムは、各教科等

資料2　カリキュラム・マネジメントを軸に校内研究を構想する

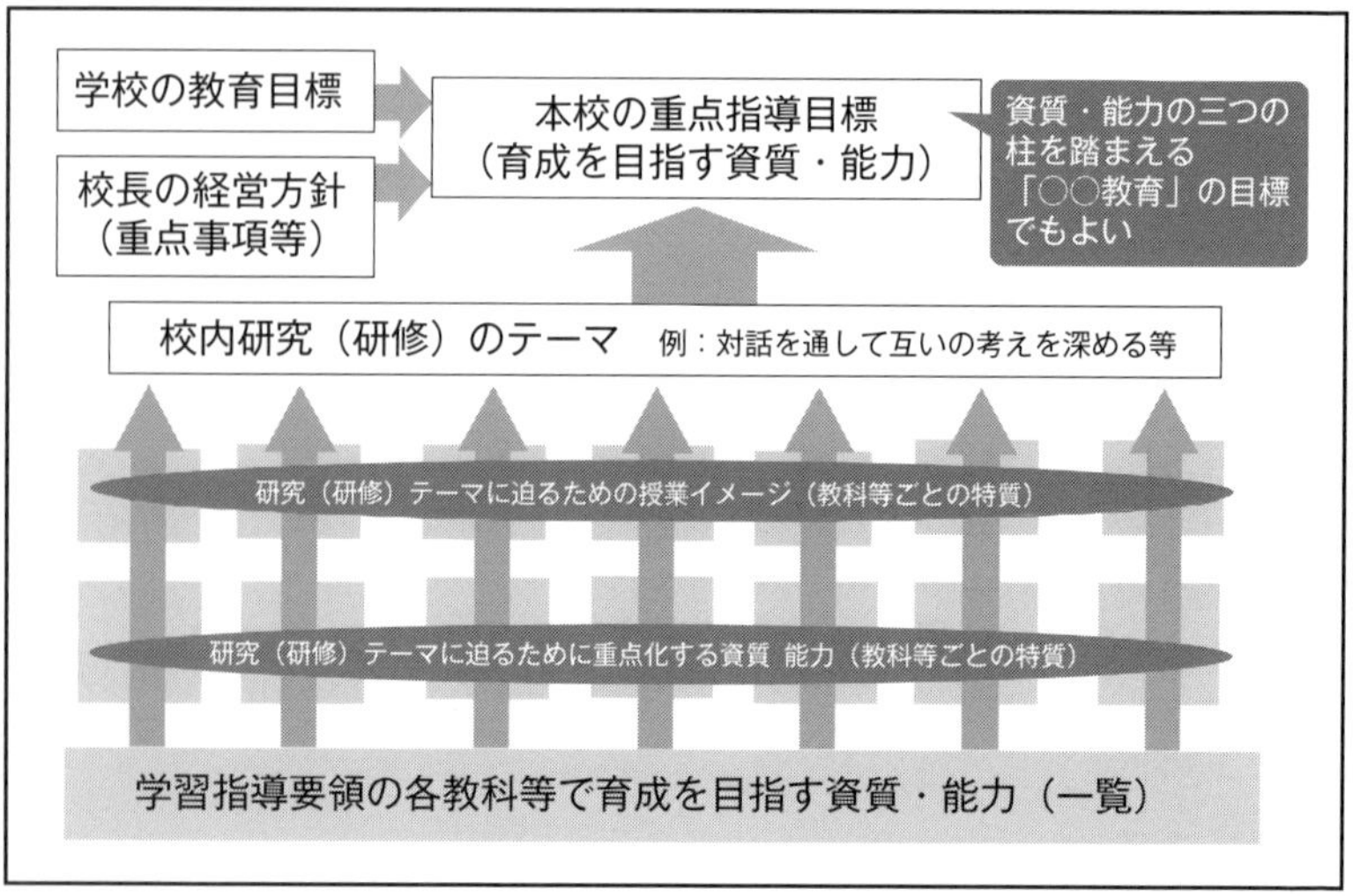
学校の教育目標
校長の経営方針
（重点事項等）
本校の重点指導目標
（育成を目指す資質・能力）
資質・能力の三つの柱を踏まえる「○○教育」の目標でもよい
校内研究（研修）のテーマ　例：対話を通して互いの考えを深める等
研究（研修）テーマに迫るための授業イメージ（教科等ごとの特質）
研究（研修）テーマに迫るために重点化する資質 能力（教科等ごとの特質）
学習指導要領の各教科等で育成を目指す資質・能力（一覧）

によって構成されているからです。

このように考えれば、カリキュラム・マネジメントを軸にして校内研究を構想するイメージをもちやすくなると思います（資料2）。

ポイントは、次に挙げる三つ。

①各学校の教育目標や校長の経営方針に基づき、「本校の子供たちに育成を目指す資質・能力」（重点目標）を3つの資質・能力として定める。

②資質・能力のうちのいずれかに基づき、校内研究のテーマを定める。その際、研究副主題を設定すれば、授業イメージを共有しやすくなる。

③全教師がそれぞれに取り組みたい研究教科

等を選び、当該教科等で求められる資質・能力を把握したうえで授業イメージを共有して授業提案を行う。

学校教育目標の多くは伝統的に「知・徳・体」で構成されています。学習指導要領との対応関係で言えば、総則第1の2の⑴がおよそ「知」、⑵が「徳」、⑶が「体」に相当します。それに対して三つの資質・能力の柱（知識及び技能、思考力・判断力・表現力等、学びに向かう力・人間性等）は、同規定の⑴におおむね位置付きます。そのため、「どちらも三つで構成されているのだから」などという理由で単純に紐付けようとすると齟齬が生じます。

そこで、校長の経営方針などに基づきつつ、学校教育目標とは別に三つの資質・能力の柱に沿った子供像を具体的に描くことをお勧めします。この考え方は全校で教科等横断的な課題に取り組む際も同様で、（第3章でも述べたように）総合的な学習の時間の目標を基にして教科等横断的な「○○教育」の三つの資質・能力を描くと、各教科等の授業とのつながりが明確になり、研究を進めやすくなります。

中学校であれば、小学校の教師とは異なり、自分の専門教科以外の教科等の内容理解を深めることは現実的ではないでしょう。そこで、自分の専門教科についての理解をよりいっそう深め（学習指導要領に定める「目標」「内容」「取扱い」を勉強し）、他教科の先生方と教科等を横断して提案し合えるようにします。すなわち、各教科の知見をもち寄り、そこから学び取れることを自らの血肉にかえて学校全体の授業レベルの向上を図るという試みにするということです（道徳や総合といった、主に学級担任が担う教科等については、小学校に近い協働研究になると思います）。

授業提案を行う際には、学習指導案の冒頭に「学習指導要領との関連」「年間指導計画における位置付け」などを簡潔に示し、他教科の教師が研究授業を見る際の視点を提供するようにします。加えて、研究授業を行う教科書の該当頁（コピー）を配布しておくことも役立つはずです。

[視点④] 授業イメージを共有する視点

校内研究においてなにより重視すべきは、先生方との「授業イメージの共有化」です。もちろん、研究テーマ、研究構想、研究理論を構築することも大切なのですが、**実践的・**

実証的な研究である以上、自分たちが目指す授業イメージがバラバラであっては、（個人研究とはなり得ても）**協働的な校内研究にはなり得ない**からです。

授業イメージの共有に当たっては、（重ねて述べているとおり）教科等を越えた授業改善の視点である「主体的・対話的で深い学び」を使わない手はありません。といっても、「主体的・対話的で深い学び」そのものは概念的で抽象度が高いので、もう少し具体的な授業イメージ（できれば課題解決型の単元イメージ）に落とし込んだうえで共有することをお勧めします（「なぜ課題解決型なのか」については158頁以降、「どのように授業イメージを共有したらよいのか」については147頁以降で詳述します）。

そこで提案なのですが、（特に小学校についてですが）教師自身が研究授業を行う教科等を選べるようにしたらどうでしょうか。つまり、**どの教科等で研究授業を行うかを授業者が選び、校内研究で目指す授業イメージの具現化を目指してチャレンジする**（提案する）といった方式です。子供に対しても学習を選択させたり意思決定を求めたりする授業が主流になりつつある今日、教師の研究がそうであってはならないことにはならないはずです。

ただ、すべてを授業者任せにするというのでは、不必要に迷わせてしまう怖れもあり

資料3　課題解決型の単元モデル（例）

課題把握	課題追究	課題解決
研究内容① 学習の見通しをもち 主体的に追究する授業	研究内容② 対話や共有を通して 考えを広げ深める授業	研究内容③ 工夫してまとめ学んだ 意義を自覚する授業

ます。そこで、みんなで話し合って「研究内容」を複数つくっておき、それを「取り付く島」とするとよいでしょう。また、あらかじめいくつかの教科を決めておき、そのなかから選ぶ方法もよいでしょう。そのほうが一人ではなくグループで研究しやすくなります。

資料3に紐付けて言えば、「私は国語で『研究内容①』の授業を行う」「私は体育で『研究内容②』の授業を行う」といった案配で、授業者が研究内容を選べるようにすれば、どの教科等で研究授業を行ったとしても、研究そのものがブレないはずです。

ちなみに、**資料3**では「課題把握場面＝主体的」「課題追究場面＝対話的」「課題解決場面＝深い学び」という括りで「〜する授業」と幅広に書いていますが、「〜の手立て」「〜のための具体策」「〜ための振り返りのあり方」「〜ためのＩＣＴ活用」「〜ためのワークシートの工夫」などと文末表現を工夫して研究内容をより焦点化することも考えられます。

例えば、ある県の中学校では、「①生徒が学習の見通しをもつ授業」

「②生徒全員が力を合わせて学ぶ授業」「③生徒が学んだことを自力でまとめる授業」の三つを研究内容として掲げ、各教科担当の教師が、この三つのなかから一つを選んで授業を提案するという方式で研究を進めています。言葉はシンプルにするほどに取り組むべきことが明確になり、共通理解が図られる好例だと言えるでしょう。

加えて、研究期間を3か年に据え、**資料3**のような単元モデルに沿って（1年目は研究内容①、2年目は研究内容②といったように、継続性をもって）積み上げていく研究にするのもよいでしょう。

いずれにしても重要なことは、「本校の先生方にとって望ましいのはどのような方法か」をしっかり検討し合うことです。

【視点⑤】全員参加の視点

どのような研究にするのであれ、「一部の先生方にとっては有益だった」ではなく、「どの先生にとってもなんらかの学びがあった」と思える全員参加型の研究にすることが大切です。そのためにも、できる限り研究主題の設定時から全員で対話し合えるようにし

資料4　全員参加…全教員の英知を集結する方策（研究構想のつくり方）

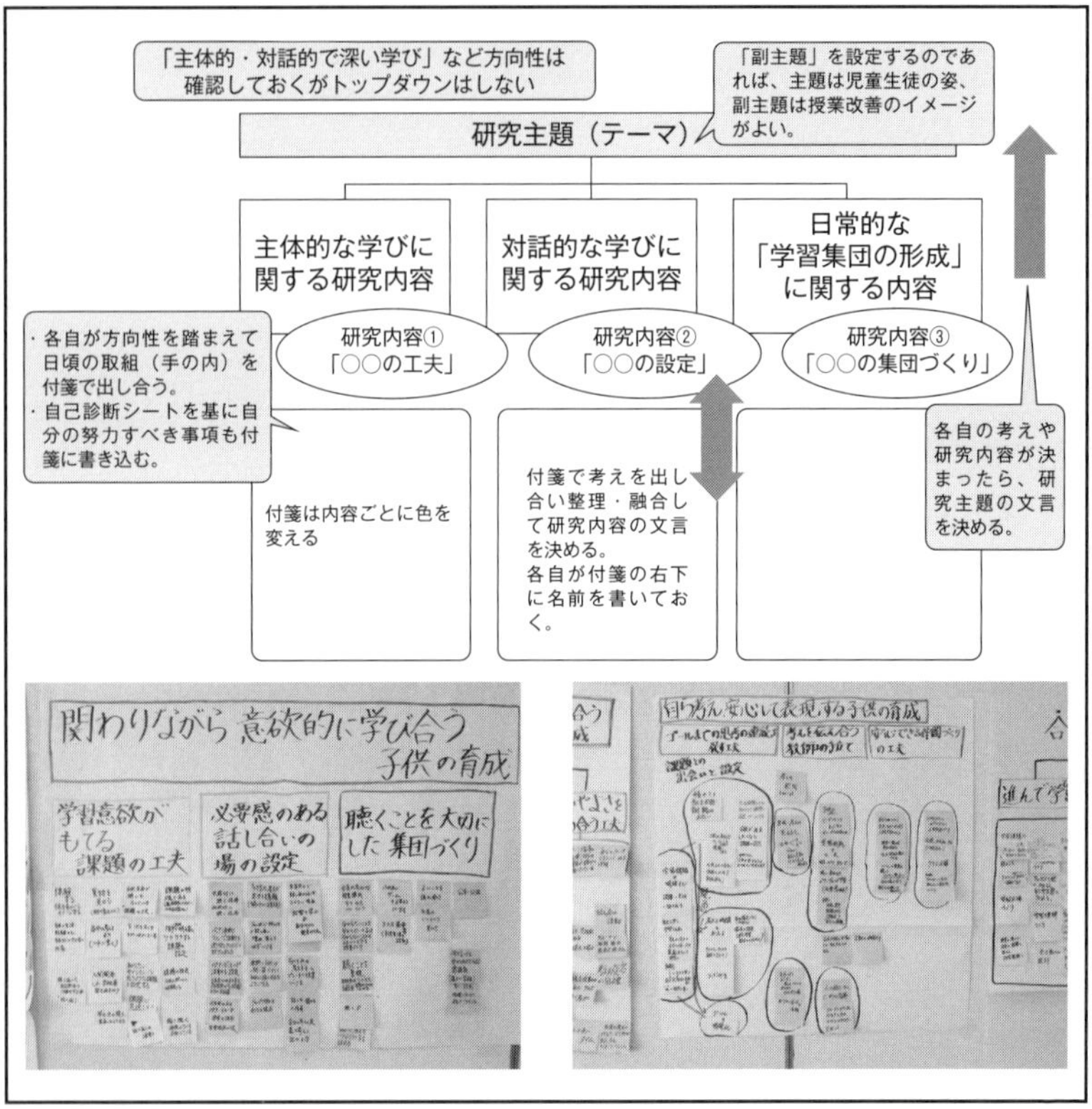

たいものです。そのための方策として、ここでは資料4に示すような協働作業を提案したいと思います。

協働作業の進め方のポイントは、次に挙げる四つ。

①「主体的・対話的」など研究の目指す大まかな方向は共有するが、研究テーマ（主題や副主題）の文言ははじめから

示さない。

②方向性をいくつかの項目（～に関する内容）に分け、それぞれの項目に取り組むとすればどのような具体策（手立て）がよいかについて、大きめの付箋にアイディアを書いて出し合う。その際、具体策（手立て）の抽象度は問わない。付箋には右下に記名する。

③付箋を整理しながら研究内容の文言を決める（「～の工夫」「～の設定」など）。カテゴリーにまとめてからでもよい。

④研究の目指す方向性を見据えつつ、研究内容を束ねるようにして研究主題を設定する。

このような手順に則って協働作業を行えば、付箋には「各自が取り組むべき（取り組みたい）事項」が書かれ、研究内容には「みんなで取り組むべき事項」が書かれることになります。つまり、自分の経験や課題意識に応じて取り組むべき事項と、組織一丸となって取り組むべき事項との双方がどの教師にも意識されるので、双方をつなげやすくなるということです。

またこの方法であれば、すべての教師の意向を俯瞰しつつ、構想プロセスを共有できるので、研究主題に対する共通理解を図りやすく、参加意識も高まります。また、トップダウン型ではなくボトムアップ型なので、「よくわからないうちに上から降りた来た」といった印象をもたせずに済みます。のみならず、とかく抽象度が高くなりがちな研究テーマを具体の授業の姿でイメージできるようになるので、研究のスタートを切りやすくなります。

まさに、一石三鳥だといえるのではないでしょうか。

[視点⑥] 教師の自己実現を図る視点

どの学校においても、自治体ごとにある教科等部会や自主参加型の研究会等に所属し、活躍している先生方が少なからずいると思います。(平素からお互いの授業を見合う文化が形成されていなくとも)「あの先生が行う国語の授業はおもしろい」「あの先生の体育の授業には一見の価値あり」といった声が伝わってくることもあるでしょう。

しかしそうした声も、うわさレベルにとどまるもので、話題にのぼる先生方が具体的にどのような力量をもっているのかまでは認知されていないはずです。こうした**専門性の高い教師たちのもつ授業力を、校内研究に活用しないのはもったいない**と思います。

こうしたことから、研究授業を行う教科等を限定しない、、、校内研究をお勧めしているわけですが、その恩恵を受けられるのは学びを共有する周囲の教師たちだけではありません。当の本人たちにとっても、校内研究が自分の得意分野を生かせる（自己実現を図れる）場になるというメリットがあります。

教師同士、お互いの優れた面を知り合う機会にもなるだろうし、若手にとっても「自分の関心のある分野で勝負できるようになりたい」といった向上心につながることでしょう。

他方、教科等を限定しない場合、「どんな人を講師に呼べばいいのか」について悩むこともあるかもしれませんが、校内研究は講師ありきではありません。（定期的な指導主事訪問といった教育委員会との取り決めがあるときは話は別でしょうが、そうでない限り）「本校の研究を後押ししてくれる方がいるのであれば、講師として招聘すればいい」くらいのゆるさでよいと思います。

実際、講師がいないほうが活性化するといったこともあるはずです。そこで、（講師・講演依頼をいただくことの多い私が言うのもなんなのですが）あえて講師を招聘せず、教師同士が互いの鏡となり（助言者となり）、協働的にアドバイスし合える研究協議会の可能性につい

資料5　企業等で言われるＯＪＴのメリット（例）と学校の課題（例）

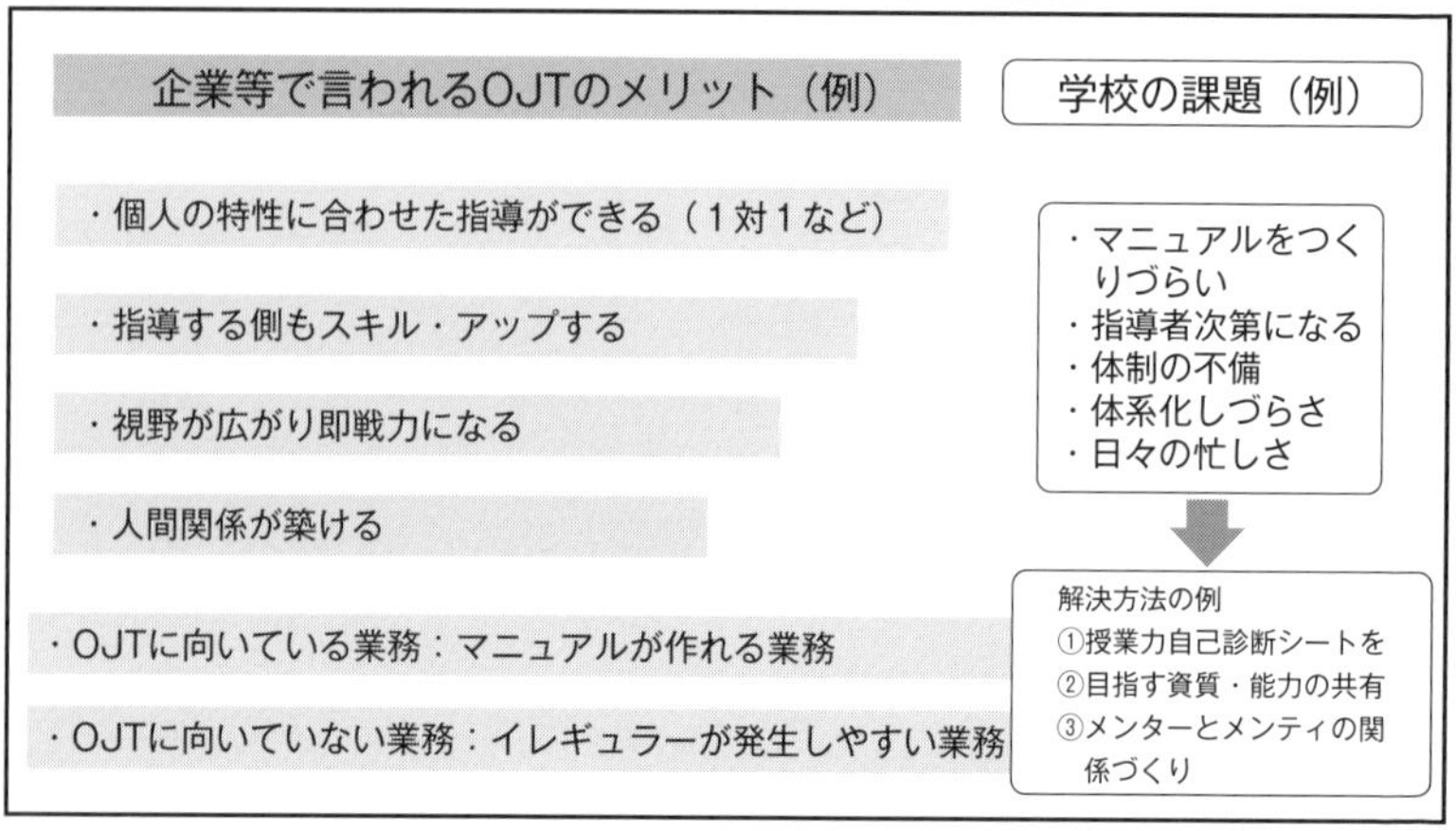

企業等で言われるOJTのメリット（例）
・個人の特性に合わせた指導ができる（１対１など）
・指導する側もスキル・アップする
・視野が広がり即戦力になる
・人間関係が築ける
・OJTに向いている業務：マニュアルが作れる業務
・OJTに向いていない業務：イレギュラーが発生しやすい業務
学校の課題（例）
・マニュアルをつくりづらい
・指導者次第になる
・体制の不備
・体系化しづらさ
・日々の忙しさ
解決方法の例
①授業力自己診断シートを
②目指す資質・能力の共有
③メンターとメンティの関係づくり

ても検討する価値があると思います。

【視点⑦】学校の組織力を向上する視点

研修形態としては、ＯＪＴ（On-the-Job Training：入社したばかりの社員に対して、上司や先輩が指導役としてつき、実務を通して知識やスキルを身に付けてもらう人材育成の手法）があり、民間企業などでは評価が定着した手法ですが、この手法を生かしにくいのが実は教育現場です。

そもそもＯＪＴは一般に、マニュアルどおりに仕事を遂行することが利益につながりやすい職場において生かしやすいと言われる手法です。それに対して先生方の仕事相手は子供である以上（近年では保護者も、大きなウェイトを占めますが）、刻一刻と変化する状況下で常に選択・判断を求められる職業特性があるため、教育現場は定量的な生産性の平準化を求めるのが不可能な職場です（資料5）。

他方、教育現場においても、授業規律をはじめとしてマニュアル的なスタンダード化がもち込まれるようになって久しいわけですが、マニュアル遵守に傾斜がかかりすぎると弊害のほうが大きくなってしまうのも、こうした学校教育における特性に起因するものだと思われます（校則を含む生徒指導や生活指導、進路指導などの分野でも同様のことが言えるかもしれません）。

それだけ学校は、クリエイティブな職場だとも言えるわけですが、20代、30代の教師が急増している今日、そうも言っていられないのが現実です。

そこで目を向けたいのが中堅教師の存在です（明確な線引きはできませんが、およそ教職年数10～20年あたりでしょうか）。「中堅」とは middle-career や center field などと言われるように、組織の中心に位置付く存在です。こうした立場にある教師たちがベテランと若手の間に立ち、それぞれのよさを引き出せるようになれば、その学校の組織力は格段に向上するでしょう（次頁の資料6）。

といっても、中間管理職的な役割を担ってもらいたいわけではありません。それでは、

資料6　期待される中堅教師の役割

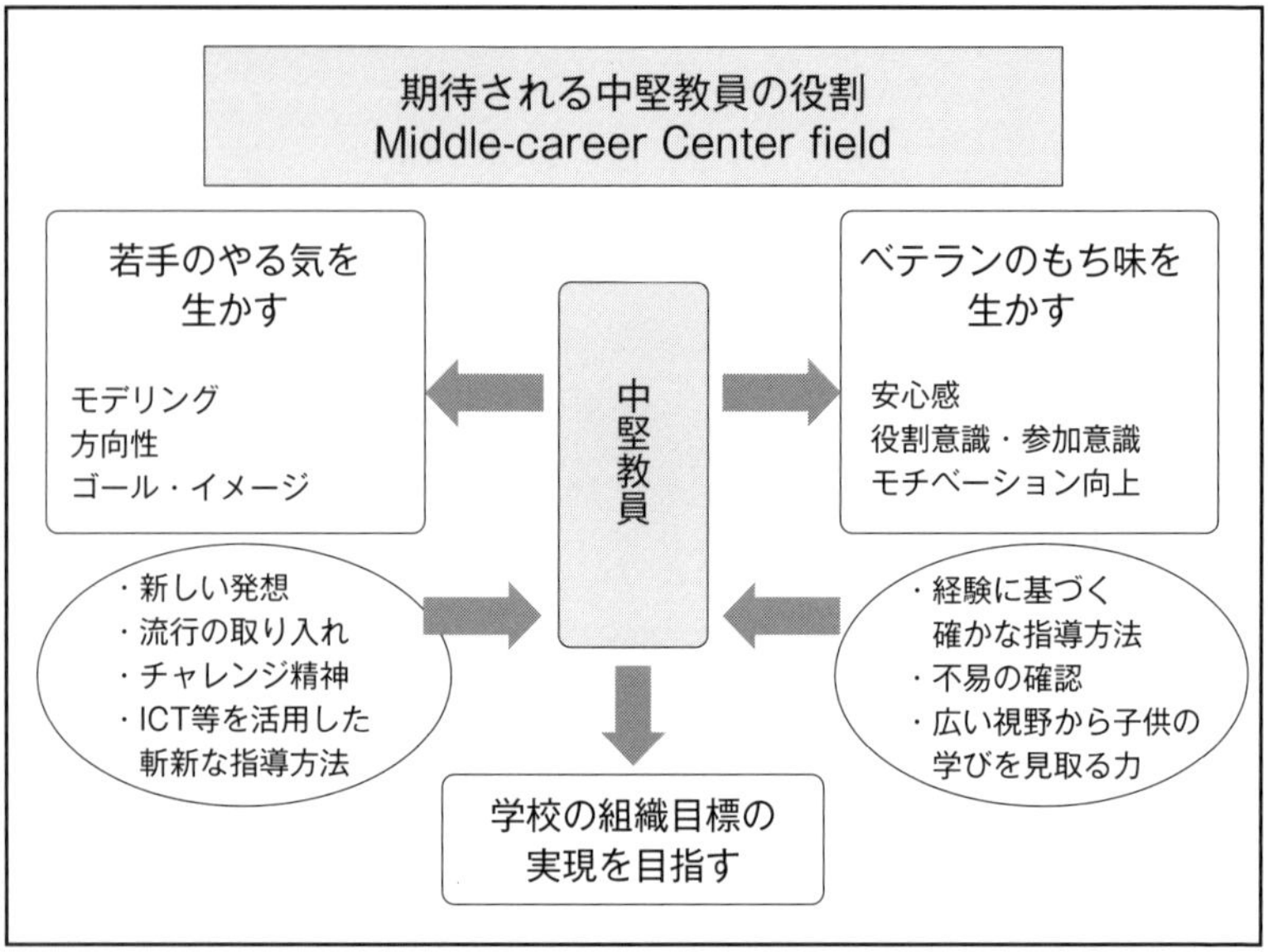
期待される中堅教員の役割
Middle-career Center field
若手のやる気を生かす
モデリング
方向性
ゴール・イメージ
ベテランのもち味を生かす
安心感
役割意識・参加意識
モチベーション向上
中堅教員
・新しい発想
・流行の取り入れ
・チャレンジ精神
・ICT等を活用した斬新な指導方法
・経験に基づく確かな指導方法
・不易の確認
・広い視野から子供の学びを見取る力
学校の組織目標の実現を目指す

管理職と諸先生方との間で板挟みにしてしまうだけです。

中堅教師には、ベテランにはない途、上の力量（伸びしろ）とバイタリティがあります。つまり、ベテランであれば説教くさい一方的な指導に終始しがちな事柄も、「若手と共に成長する」という姿勢で若手に寄り添いながら力量形成を図っていける（ひいては、学校全体の教育力をボトムアップできる）ということです。

そこで、中堅教師に対しては若手を育てることを通して自分自身を成長させるという意味でのメンターとしての自覚を促すというのはいかがでしょうか。

なかには、「授業メンター」という文言を添えた名刺を作成している学校もあると聞きますが、そこまでしなくても校務分掌に位置付けるので十分です。

それに対して若手のほうはメンティーとして、メンターを積極的に活用するように促します。具体的には「なにか気になることがあれば、なんでも質問していい」という待遇を与えるのです。

そしてこの待遇は、あくまでも「メンターに質問する権利」であって、「メンターに言われたことに従う義務」ではない点に留意が必要です。若手はメンターが答えてくれたことや指摘されたことを鵜呑みにすることなく、自分で再考し、意志をもって選択・判断できるようすることが、職能成長に欠かせないからです。

また、中堅教師にはもう一つ、大切な役割があります。それは研究授業を率先して引き受けることです（研究主任など研究推進役の教師であればなおさらです）。

そうすることのメリットは、次に挙げる二つ。

［研究授業がイメージどおりうまくいった場合］若手の教師にとってよい授業モデルになり得

る。研究テーマや研究内容が若手に届いたということでもある。

［研究授業がイメージどおりにはうまくいかなかった場合］　中堅教師の失敗を目にすることで、ベテラン教師も安心して研究授業を引き受けるようになる。「失敗こそ発見の種、研究の種だ」と研究課題を具体的に提示することにもつながる。

二つ目は少々言いすぎかもしれませんが、「自分にとっての失敗が、他者にとっての安心感につながる」といったことは、業界を問わず、あるいは子供社会においても通底する人間の自然な心理であり、（嘲笑などでない限り）メリットだと受け止めたい事柄だと思います。

いずれにしても、中堅教師が学校の中心として縦横無尽に活躍できるようにすることが本当に大切だと思います。

また研究主任であれば、さらに特別な役割を担います。

まず若手に対しては、ＩＣＴなどの得意分野や興味・関心のある新しい教育方法などの情報を発信するよう促し、やる気やチャレンジ精神を引き出す関わりです。

ベテラン教師に対しては、「頼りにしています」といった意向を常に示すようにして自負心をもってもらい、モチベーションを高めてもらうようにします。ＩＣＴ活用をはじめとして新しい事柄ばかり取り上げていると、ベテラン教師は（そうでない方もたくさんいますが、ややもすると）言えるはずのことも言えなくなって、次第に研究への参加意欲をもてなくなってしまうこともあるからです。

毎年、たくさんの学校を訪問していて感じることなのですが、校内研究が活発で、〝活気があるなぁ〟と感じる学校の多くには、前向きなムードをつくれる影響力のあるベテラン教師がいます。

といっても、リーダーシップがすごいというわけでは必ずしもありません。例を挙げるならば、率先して手を挙げることはないけれど、指名されれば嫌がらずに研究授業を引き受ける、協議会では若手の指摘や意見を謙虚な姿勢でうなずきながら聞く、そんなベテラン教師です。

そうした教師を日々、目の当たりにしている先生方は、〝自分たちも謙虚な姿勢で学ばなくては〟という意識をもつようになります。このように後ろ姿で後輩を育てるベテラン教師の存在は、実はとても大きいのです。

そのような意味でもベテラン教師には、中堅教師や研究主任の活躍を好意的に見つめるまなざしがほしいものです。活気がある学校は、そのまなざしがメンターとしての中堅教師や研究主任の自信を育み、メンティとしての若手教師の中堅教師への信頼を厚くするからです。

いずれにしても中堅教師の活躍は、本人の努力だけで生まれるものではありません。そうした組織観をみんなで共有し、応援することが欠かせません。

[視点⑧] 不易であれ流行であれ、本質を捉える視点

一校で行う研究であっても立派な研究活動ですから、「最新の教育課題に取り組まなければ」とか、「それだけではだめだ。不易な教育課題も視野に入れなくては」などと思いがちです。その気持ちは私もよくわかります。

しかし、あれもこれもと無作為に詰め込めば、机上の空論を立ち上げてしまったり、達成感よりも多忙感のほうが勝る研究にしたりしかねません。そうかといって、教育研究である以上、「流行」「不易」のどちらかを外すわけにもいきません。

では、どのように考えるのが適切なのでしょうか。

1 「不易」について考えておきたいこと

どの教科等であっても、授業を行うには「目標」「内容」「教材」が必要です。しかし、「この三つさえ担保していればいい」などと安易に捉えてしまうと、資質・能力をバランスよく育てる授業にはなりません（教師主導の教え込みになることもあります）。なぜなら、「なんのために学習活動を行うのか」を子供が自覚できない授業になりがちだからです。

学習活動は「学習課題（問い）を解決する」ために行うものです。子供自身がこの目的意識をもちながら学習活動に取り組めてはじめて、どの教科等であっても資質・能力が育つということです。

ここではまず、古い学習指導要領の記述を紐解いてみたいと思います。

> 児童や青年は、現在ならびに将来の生活に起る、いろいろな問題を適切に解決して行かなければならない。そのような生活を営む力が、またここで養われなくてはならないのである。それでなければ、教育の目標は達せられたとは言われない。
>
> ※「学習指導要領 一般編（試案）」（昭和22年）「第四章 学習指導法の一般」「一 学習指導は何を目ざすか」

この記述は、衝撃的です。戦後間もない時期、しかも試案の段階ですでに問題解決学習を重視していたことがわかるからです。まさに「なんのために学習指導を行うのか」を高らかに宣言するものであり、現在まで貫かれている日本の教育の理念の一つを言い表すものだといえるでしょう。

さて、その後は固定的な学習スタイルから脱却し、幅広く捉えられるようにするという趣旨で「問題解決的な学習」という文言が使われるようになり、平成10年版の改訂（高校は平成11年版）の起点となった中央教育審議会答申においては次のように説明されました。

> 我々はこれからの子供たちに必要となるのは、いかに社会が変化しようと、自分で課題を見つけ、自ら学び、自ら考え、主体的に判断し、行動し、よりよく問題を解決する資質や能力であり、また、自らを律しつつ、他人とともに協調し、他人を思いやる心や感動する心など、豊かな人間性であると考えた。
>
> （傍線は筆者）

※中央教育審議会答申「21世紀を展望した我が国の教育の在り方について」平成8年

その後に改訂された小学校学習指導要領においては、次のように規定されました。

(2) 各教科等の指導に当たっては、体験的な学習や問題解決的な学習を重視するとともに、児童の興味・関心を生かし、自主的、自発的な学習が促されるよう工夫すること。(傍線は筆者)

※「第1章　総則」の「第5　指導計画の作成等に当たって配慮すべき事項」

加えて、(平成18年12月に教育基本法が大改正されたのを受けて)平成19年に学校教育法が改正され、第30条第2項に以下の規定が置かれました。

② 前項の場合においては、生涯にわたり学習する基盤が培われるよう、基礎的な知識及び技能を習得させるとともに、これらを活用して課題を解決するために必要な思考力、判断力、表現力その他の能力をはぐくみ、主体的に学習に取り組む態度を養うことに、特に意を用いなければならない。(傍線は筆者)

この規定は当初、学力の三要素と呼称され、後に「育成を目指す資質・能力」として学習指導要領に明記されることとなります。また、条文の文言そのものは「課題解決」ですが、今も小学校教育において使われている「問題解決」と（若干、ニュアンスは異なるものの）目指すところは基本的に変わらないと考えてよいでしょう。

そもそも資質・能力には汎用性があり、活用可能な学力を想定したものです（**資料7を参照**）。

子供は、課題を解決するプロセスを通じて疑問や予想をもち、やってみたり調べたり、話し合ったりします。比較したり関連付けたり、結論をまとめたりして表現します。自分の意見や感想なども湧いてきます。そのようにして総合的に資質・能力を自ら高めていきます。「思考力、判断力、表現力等」も「学びに向かう力、人間性等」も含め、三つの資質・能力の柱がバランスよく養われる姿です。

資料8の「本時の学習活動」には「内容」や「教材」が詰まっていますが、それらを材料として学ぶのは子供たち自身です。いくらワークシートに問いや資料、学習活動のヒントが書かれていても、「なんのためにそのワークシートを使うのか」（学習の目的）や「そうすることでどんな課題を解決できるのか」（学習の見通し）を子供自身がもてなければ、

資料7　新しい時代に必要となる資質・能力の育成と、学校評価の充実

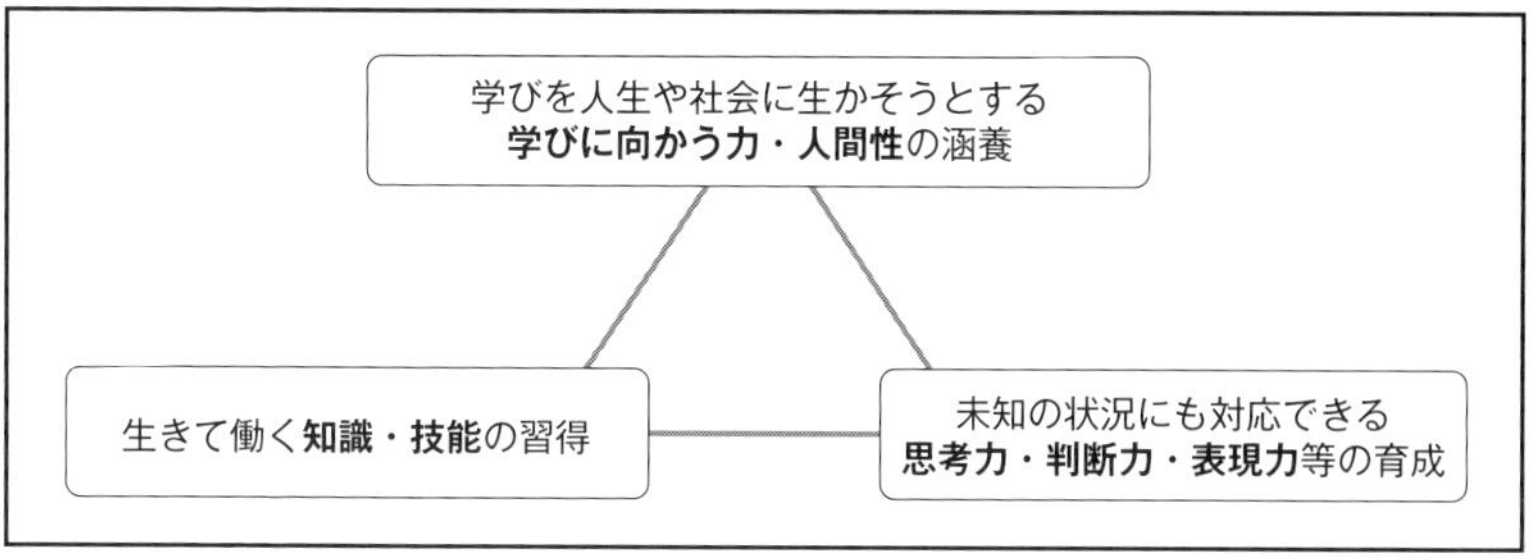

※文部科学省「説明会用資料」

資料8　課題解決型の授業を通して不易の学力を総合的に育てる

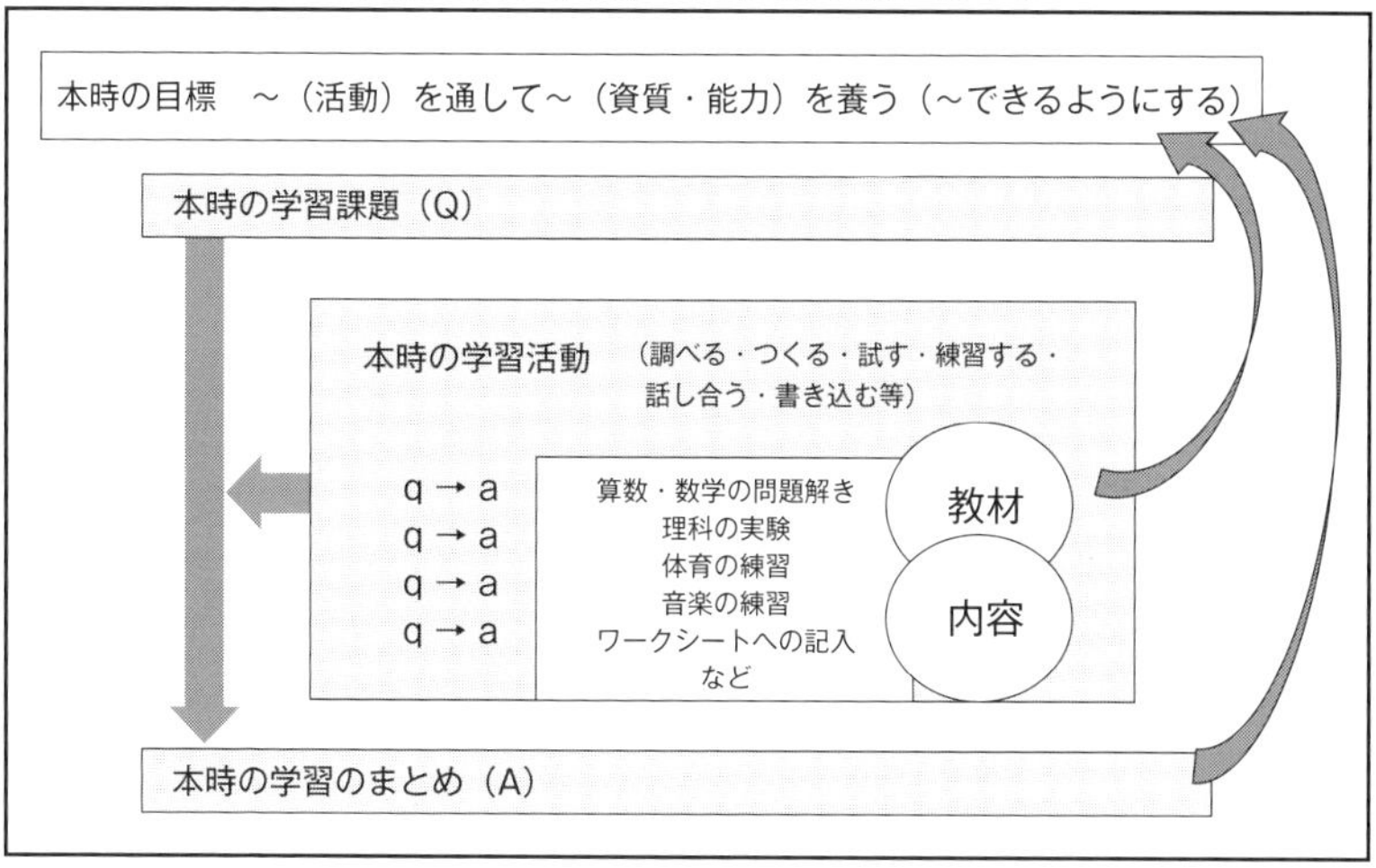

教師がどれだけ丁寧に指導したとしても、子供にとっては「やらされる活動」になります。

とはいえ、たとえ「やらされる活動」であっても、一定の知識や技能を子供に身に付けさせることはできるでしょう。しかし、思考力・判断力・表現力や主体的に学習に取り組む態度の育成はままならないはずです。「やらされる活動である限り、教師が教えた分しか子供は育たない」からです。

資質・能力は本来、子供が自らの意志で使っていける汎用性の高い学力である以上、教師の指導を越えたところで発揮されます。裏を返せば、子供自身が使う機会・場があってこそ育つということです。このように考えれば、「資質・能力を自在に使わせて育てるのが課題解決型の授業だ」と言うことができます。

少々遠回りをしてきましたが、ここで伝えたい**不易とは、課題解決型の授業を行うことを通して子供の学力を総合的に育てていくことだ**ということです。このように考えれば、どのような最新のキーワードを研究テーマに掲げたとしても、課題解決型の授業改善を目指す限り、不易に則った研究だと主張できるということです。なぜならそれこそが、授業の本質だからです。

2 「流行」について考えておきたいこと

現行の学習指導要領では「主体的・対話的で深い学び」が規定され、令和3年の中央教育審議会答申「令和の日本型学校教育」では「個別最適な学び」と「協働的な学び」

資料9　OECD学びの羅針盤2030

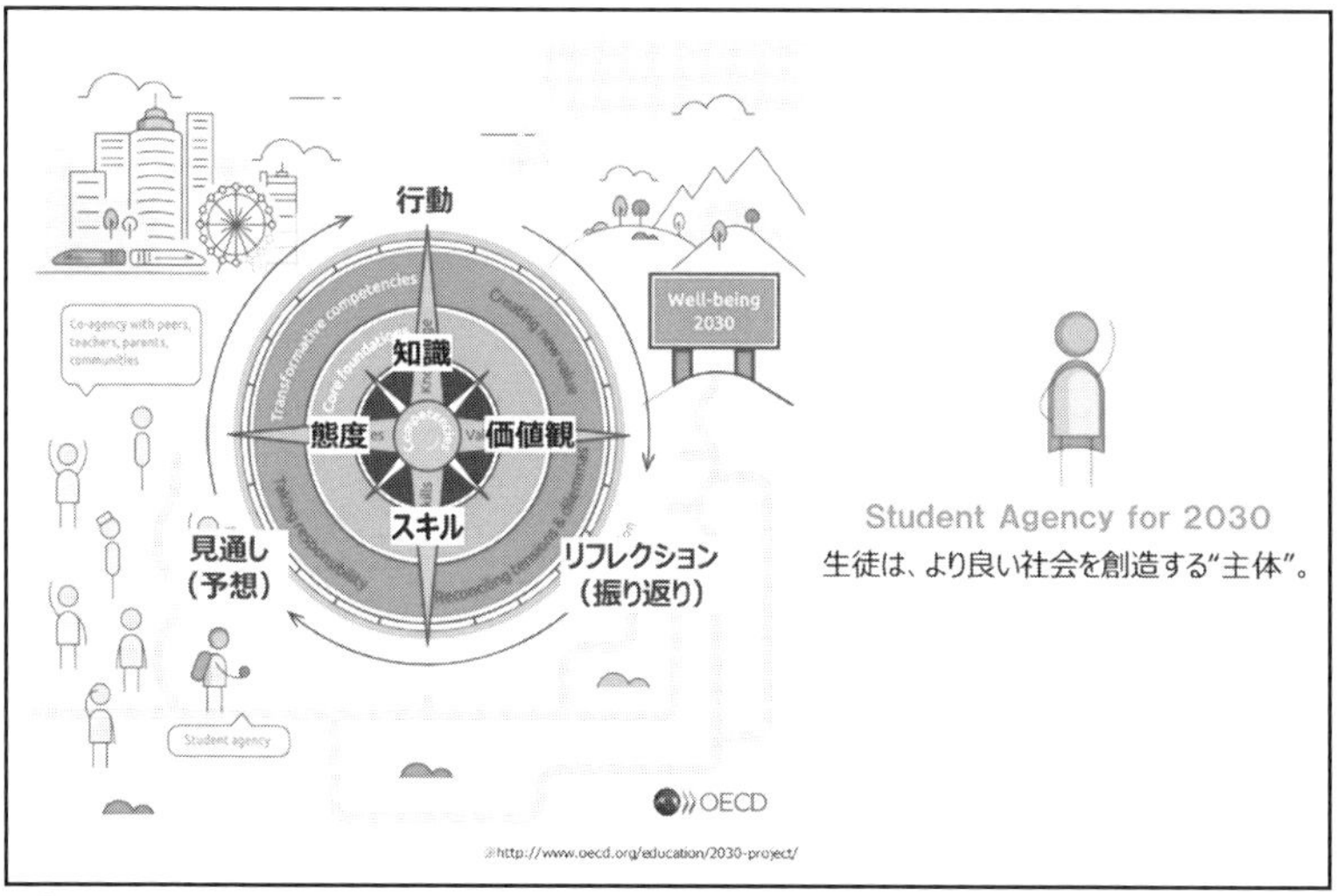

※「OECD Future of Education and Skills 2030 project」（中間まとめ）

が提起されました。

また、時をほぼ同じくしてOECDは、「ウェルビーイング」「生徒エージェンシー」（資料9）といった「これからの授業のあり方」をキーワードとして示しています。

さらに、令和5年に公示された中央教育審議会答申「次期教育振興基本計画について」や、令和4年に示した内閣府・総合科学技術・イノベーション会議「Society5.0の実現に向けた教育・人材育成に関する政策パッケージ」などにおいても、学習スタイルに関わる新たな提言がなされています。

このように各所から「教育のこれから」が示されているわけですが、あまりにも

資料10　これからの授業に求められるキーワード（単元イメージ）

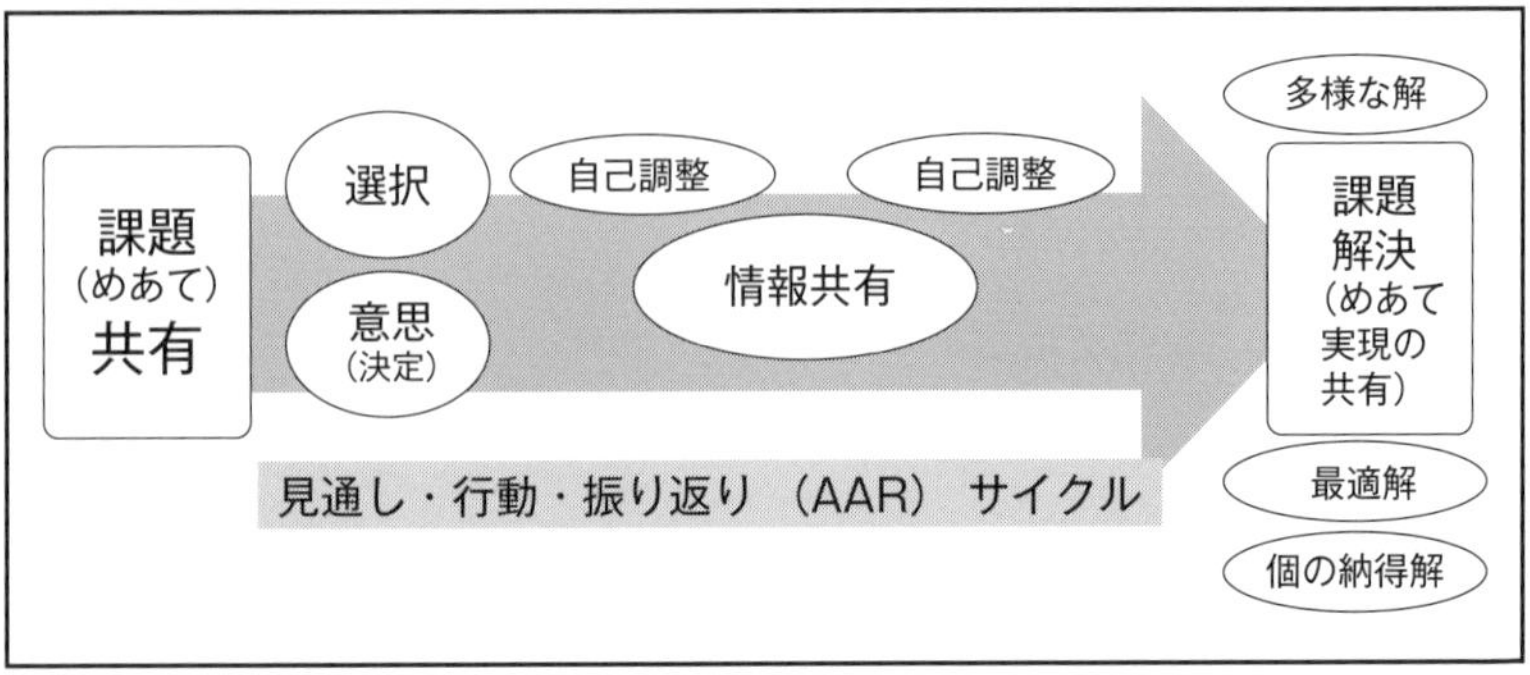

キーワードが多くて全体像をイメージしにくいことから、単元に位置付けてみようと考えて作成したのが、（多少乱暴ではありますが）**資料10**です。

正直なところ、一つのイメージ図で表現しきれるものではないのですが、これからの授業を考えていくための材料にはなるかと思います。

ただ、こうした図を作成していて思い至ったのですが、キーワードそのものは多岐にわたるものの、通底するものがあるように感じました。それは、（子供の意志を介在させる）「選択」と「共有」です。もしかすると、キーワード・オブ・キーワードだと言えるかもしれません。

これまでの学習観においては、教師があらかじめ用意した「内容」と「教材」を子供に与えてから学習がスタートするというものでした。この従来であれば教師側の指導プロセスに、子供の意志を介在させるという考え方です。

ただし、そのような場合にも「目標」については教師が定め、そのねらいに沿って子供が学習を進めていけるように教師が適切にサポートする必要性があることに変わりありません。個々の学びが明後日の方向に向かって行ったり、バラバラになったりしてしまうリスクを回避しなければならないからです。

さて、「選択」と「共有」は、次に挙げるように「見通し」と「振り返り」との関わりが深いと考えられます。

●学ぶ内容を子供自らが選択するからこそ学習の見通しをもてるようになる（選択する際、その理由を明確にさせることで学習課題との関連を自覚できるため、それが見通しになる）。

●子供が自分で選択して学んだことを振り返るから、学んだことを自覚し、「どのようにすればより深く学べるか」といった視点から学習を調整できるようになる。

●子供一人一人が選択して学んだことはそれぞれ異なるので、話し合い活動を行う際にも話題が多様になり、思考を広げやすくなる（「共有」によって、自分のもてる力で行う振り返りだけでなく、他者の意見や考えを参考にすることができる）。

※ただし、最終的には、どの子も各単元で実現を目指す資質・能力に届くようにする必要があるため、

学習のまとめに向かう場面では、教師の指導性の発揮による「共有」が欠かせない。

このように考えれば、一人一人の子供が自分の「選択」した道（プロセス）を通って主体的・対話的に学びつつ、確かな学力を「共有」できる課題解決型の授業を構想できるようになるのではないでしょうか。

もっとも、ここまで述べたことはあくまでも、現時点でのさまざまなキーワードを整理したときに見いだされ得る「子供の学び方のバリエーション」の一つにすぎません。今後もいろいろなキーワードが登場すると思いますが、表面上の字面に惑わされることなく、（前述した）授業の本質に叶っているかを見極めることがなにより大切だと思います。

それともう一つ、留意すべきことがあります。それは、学習指導要領と中央教育審議会答申との法的な位置付けの相違です。

前者は、法令（学校教育法施行規則第52条および各種準用規定、ならびに各種別表）に基づき、全国すべての公立学校の教育課程の基準として定められているものなので法的効力があります。それに対して後者は、法令（中央教育審議会令）に基づき組織された学識経験のある（文部科学大臣が任命した省外の）委員が、文部科学大臣の諮問を受けて審議した内容を答申するもので、公的文書ではあるものの、それ自体に法的効力はありません。

例を挙げれば、「主体的・対話的で深い学び」は前者（総則第1の2に規定があります）に当たり、「個別最適な学びと協働的な学び」は（次期学習指導要領において規定される可能性もありますが、現時点では）後者に当たります。

「個別最適な学び」はおそらく、「主体的な学び」をより鮮明に示したもの、「協働的な学び」は「対話的な学び」をより広げて示したものだと捉えることができます。その背景には一人一台端末の普及やICT活用の広がりがあります。つまり、「個別最適で協働的な深い学びだ」と捉えておかないと、認識を誤る怖れがあるということです。

「深い学び」は、学習指導要領に規定された教科等の目標に示す三つの資質・能力が結び付いた学びであり、教科等の目標を実現する学びです。この文脈を忘れて（例えば「個別最適」を一人歩きをさせて）しまうと、自由さや個別性ばかりがクローズアップされ、ずいぶん昔に揶揄された「活動あって学びなし」と同様の批判を招きかねません。

また、「ICTの有効活用」も、「流行」の一つとして挙げられると思います。

授業でICT機器を活用することは、もはや当たり前の時代です。学校にうかがって授業を参観するたびに、個別の学習を支えたり学習したことを共有したりするなどIC

資料11　ICTを活用した指導方法の開発

A　一斉学習
挿絵や写真等を拡大・縮小、画面への書き込み等を活用して分かりやすく説明することにより、子供たちの興味・関心を高めることが可能となる。
A1 教員による教材の提示
画像の拡大提示や書き込み、音声、動画などの活用
B　個別学習
デジタル教材などの活用により、自らの疑問について深く調べることや、自分に合った進度で学習することが容易となる。また、一人一人の学習履歴を把握することにより、個々の理解や関心の程度に応じた学びを構築することが可能となる。
B1 個に応じる学習
一人一人の習熟の程度等に応じた学習
B2 調査活動
インターネットを用いた情報収集、写真や動画等による記録
B3 思考を深める学習
シミュレーションなどのデジタル教材を用いた思考を深める学習
B4 表現・制作
マルチメディアを用いた資料、作品の制作
B5 家庭学習
情報端末の持ち帰りによる家庭学習
C　協働学習
タブレットPCや電子黒板等を活用し、教室内の授業や他地域・海外の学校との交流学習において子供同士による意見交換、発表などお互いを高めあう学びを通じて、思考力、判断力、表現力などを育成することが可能となる。
C1 発表や話合い
グループや学級全体での発表・話合い
C2 協働での意見整理
複数の意見・考えを議論して整理
C3 協働制作
わたしたちの町
グループでの分担、協働による作品の制作
C4 学校の壁を越えた学習
遠隔地や海外の学校等との交流授業

※文部科学省「学びのイノベーション事業実証研究報告書」より
※本事業は、1人1台の情報端末、電子黒板、無線LAN等が整備された環境の下で、ICTを活用して子供たちが主体的に学習する「新しい学び」を創造するために、平成23年度より文部科学省が行った実証研究

Tの活用法はより幅広くなり、かつ取組が精緻化している様子や、子供たちのほうもタブレット端末を巧みに操作する様子を目にして驚かされるばかりで、私自身も学ばせてもらっています。

ただその一方で、懸念されることもあります。

その一つは、どれだけICT機器やアプリケーションが進化し、多様な学習活動が生まれたとしても、ICTを活用する目的そのものはそう大きく変わらないだろうということです。

資料11は文部科学省の学びのイノベーション事業が整理した「学習場面例の類型」で、活用目的が端的に示さ

れています。こうした資料などを参考にすれば、（ＩＣＴ機器の活用用途はほかにもいろいろと考えられるでしょうが）「なんのために活用するのか」といった目的を見誤らずに済むでしょう。

それともう一つは、言葉による補完的なコミュニケーション不足です。

まず、グループ活動の場面です。子供たちはグループをつくり向かい合ってはいるものの、タブレット端末の操作に集中していて会話がほとんどない様子を見かけることがあります。

こうした姿そのものを問題視しているわけではないのですが、「アプリケーションはどれだけ情報処理に長けていても、それ自体が子供同士のコミュニケーションを促すわけではない」という認識をもっておいたほうがよいということです。すぐにタブレットを開いて各自が勝手に操作するのではなく、まず「みんなでこうしてみよう」「じゃあ、わたしがまずこう動かすね」などと、直接的な言葉でお互いの意志を伝え合っていけるような活動にしていかないと、学習の深まりに結び付かないのだろうと思います。

次に挙げるのは、学習成果を共有する場面です。

子供たちが入力した文章などをモニターに一括表示すると、あたかも情報が子供たちのなかで共有されているかのように見えます。しかし、よくよく観察してみると、肝心の子供のほうは自分のものと他の子供のものを比べることのみに終始しており、一括表示されているさまざまな情報を相互に比較したり関連付けたりする思考には至っていないことに気付かされることがあります。

こうした場面でも、「あぁ、なるほど、そういうことか」「だったら、自分の考えと似ている」などと直接的な言葉で自分の考えを伝え、確認し合うことが必要だと感じます。

どのようなツールを使うにしても、学習成果を共有する場面で重要なことは、学級全体のなかで自分の理解や思考を相対化して見られるようになることです。そこで、**活動そのものはICTありきでよいと思うが、理解に届く学びは補完的なコミュニケーションありきだと考えるほうが賢明だ**と思います。

3 「学習評価」について考えておきたいこと

本項の最後に（けっして主役とはならないものの）近年、校内研究で取り上げられることも多い学習評価について考えておきます。

まず押さえておきたいことは、**「いくら単元の評価規準表を描いてみても、指導計画上**

資料12　学習評価を行ううえで押さえておきたいこと

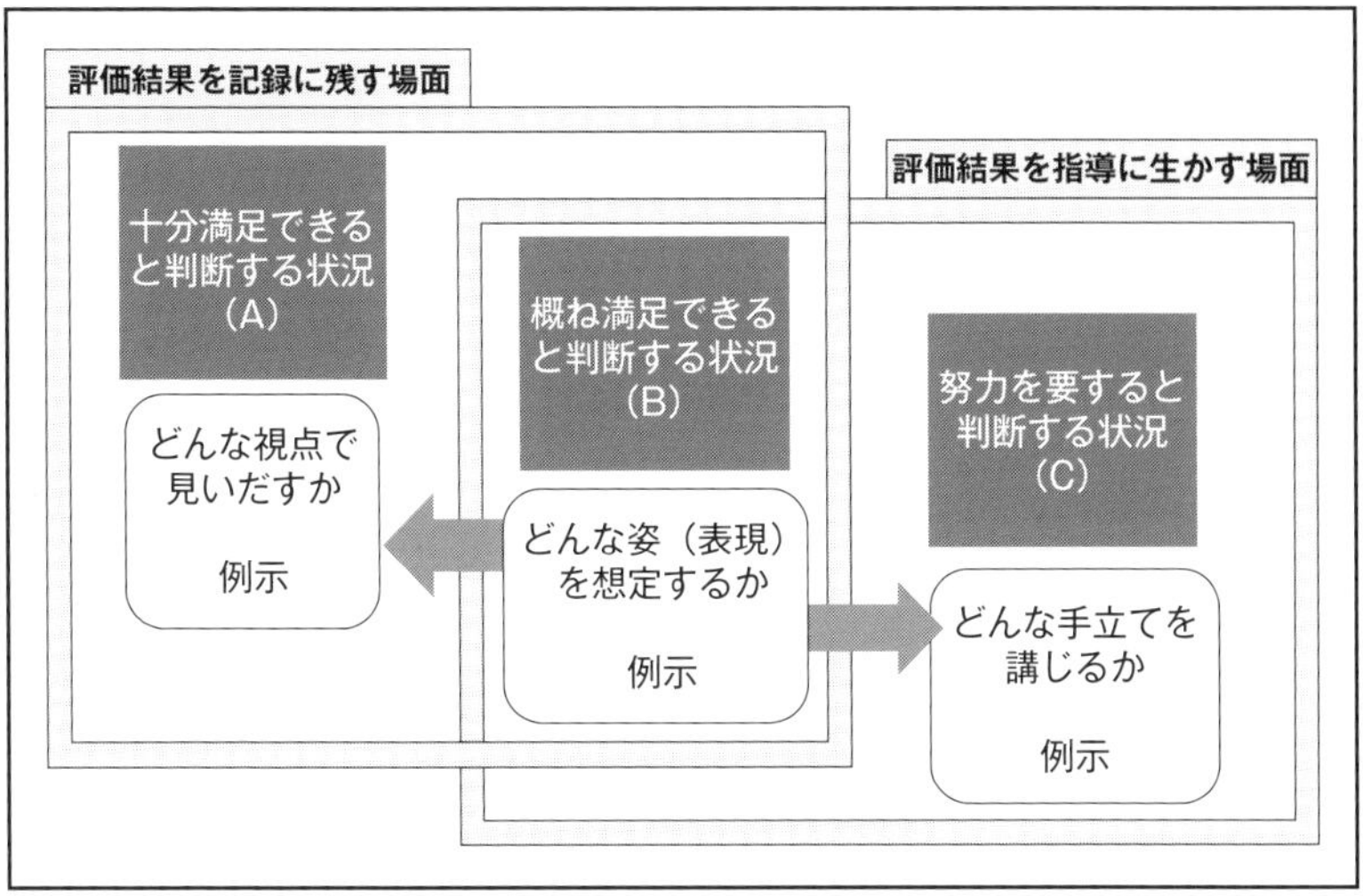

に評価規準を位置付けてみても、それだけでは学習評価の研究にはならない」ということです。

なぜなら、学習評価について研究するのであれば、学習評価の目的に即して本質を考え、具体的な手立てや期待する子供の姿を明らかにすることが欠かせないからです（資料12）。

学習評価を研究する際のポイントは次に挙げる三つ。

① 「概ね満足できると判断する状況（B）」の対象とする子供の姿を例示すること（複数の子供の具体的な姿や表現内容がよい）。

② Bの規準に至らない「努力を要すると判断

する状況（C）」の子供への手立てを例示すること（新たな手立てよりも、評価に至るまでに指導したことをもう一度確認したり徹底したりすることを書けばよい）。

③「十分に満足できると判断する状況（A）」は、（B）の対象とした子供の姿をどのように越えているか、より優れた点、自分なりに工夫している点など、「よさ」を見いだす視点を例示すること（授業後に（B）のなかから探せばよい）。

※学習評価について詳しくは、拙著『できる評価・続けられる評価』を参照

いずれも「例示」としているのは、「授業は生き物」であり、想定される子供の姿も授業の進行や子供の学びの実態によって変わり得るからです。そのため、〝自分が考えたとおりにしなくては〟などと頑なに捉えるのではなく、柔軟に対応できるように幅をもって考えたいものです。

［視点⑨］学級経営を重視する視点

文部科学省の教科調査官時代、月刊『初等教育資料』の誌面にて、次の文章を寄稿さ

せてもらったことがあります(2015年11月号)。

「学級経営○割・教材研究○割」

教師の仕事量の配分ではなく、1時間の授業の「よさ」に与える影響の割合である。多要素が加わるならば、足して10とも限らない。

教科調査官であるから教材研究に大きな数字を入れるかと言えば、多くの授業をみてきた経験から必ずしもそうではない。具体の数字は、今後の仕事に影響するので控える…。

例えば、社会科の授業では、前半は教材研究が大きな効果を発揮する。写真などの資料を提示して子供を引き付け、調べる意欲を高める。実物や映像を見せれば子供たちは食い入るように集中する。

「気付いたことはありますか?」と問いかけるだけで、多くの子供が挙手をして発言する。また、授業の中盤では、それまでの理解を揺さぶるような驚きの事実をグラフなどで示し、子供に本気で考えさせる。

これらは全て教材研究の賜であり、ここまでは教材研究に軍配が上がる。しかし、授業の後半はどうだろうか、とみていると…。

　手を挙げて発言する人数が徐々に減ってくる。後半では「気付いたこと」を発言する機会が減り、「わかったこと」や「考えたこと」を発言しなくてはならなくなるからである。また、資料の数も累積して多くなり、教師の発問も「なぜ？」と前半より難しくなる。

　しかし、後半になっても子供たちの勢いが衰えない授業もある。互いの考えをつなぎ合い、質問し合いながら学習を主体的に進めていく。教師から「どうして？」と揺さぶられると、近くの友達と顔を寄せ合って相談を始める。考えがまとまると代表者が発言する。他グループの代表は「ちょっと違う」と反論する。教師はいつの間にか仲介役になっている。

　これは偶然の姿ではなく、教師が意図的に行ってきた学級経営の成果である。授業の後半は学級経営に軍配が上がることが多い。ただし、その姿は1時間の授業、1教科で実現できるものではない。互いの違いを認め合い、助け合い、全員で力を合わせて問題を解決することの大切さを全教育活動において子供たちに粘り強く伝え、子供一人一人にきめ細かく関わり続け、ようやく実現する。

さて、皆さんは冒頭にどんな数字を入れますか。

いくら働き方改革が叫ばれる今日であっても、教材研究をいい加減してよいとはけっして思いません。そうかといって、いくら教材をたくさん考えて準備したとしても、子供たちがその気にならなければ、よい授業になるはずもありません。

そう考える私は、今なら「学級経営⑦割、教材研究③割」と入れてもいいとさえ思っています。

「馬を水辺に連れて行けても水を飲ますことはできない」

この言葉はもともと、イギリスの古いことわざが由来だと言います。

教師は「水辺に連れて行く」役目を担います。そのため、懸命に教材研究を行いますが、研究することが目的ではありません。どのような教材研究も、授業を行う準備にすぎません。

「水を飲む」のは学ぶ子供たちです。教師が、どのような材料を教室にもち込んでも、子供たちが「その水を飲みたい」と思えなければ、どのような準備も画餅に帰します。主体的に学ぶ子供たち、意欲的に学び合う子供たちであってこそ、教材研究が効いてくるのです。そして、そのベースをつくるのが学級経営です。

そこで本項では、学級経営のなかでも、授業に強い影響を及ぼす「学ぶ集団づくり」にフォーカスし、教師の手立てや心得などについて述べていきたいと思います。

1 考える集団づくり

毎年、数多くの授業を見ていて、〝子供たちが「考える集団」となっているな〟と感じられる学級に出合うことがあります。これはおそらく、子供たちに対する授業者の日常的な関わりが影響しているものだと考えられます。

では、子供たちが「考える集団だ」と感じられる学級と、そうでない学級には具体的に、どのような違いがあるのでしょう。わかりやすい例を挙げれば次のとおりです。

授業中、子供自身が疑問に思ったことを率直に口にしているか。

みなさんの学級ではどうでしょう。授業中、（たとえ授業の方向性とズレていたとしても）子供たちが疑問に思ったことを率直に発言しているでしょうか？　周囲の子供たちも、そうした発言に乗っかったり質問したりしているでしょうか？

実を言うと、研究授業などではこうした子供の姿を見かけることは、あまりありません。どちらかというと、教師が「いいですか？」と問うと、条件反射のように子供たちが声をそろえて「いいです」と答える授業を見るほうが圧倒的に多いのです（「よくないです」「まだわかりません」などとはなかなか言えない雰囲気を感じます）。

そうした学級では、（どの教科等の授業を見ていても）わかったつもりでいる子供たちに対して、「本当にそうだと思いますか？」「なぜ、そうだと言えるのですか？」「～でないと、本当に言い切れますか？」いった問いかけを耳にすることもあまりありません。

それに対して子供のほうは、そうした教師の問いかけを待ち望んでいるように見えます。「遊びも学習も本気で取り組んでこそ、おもしろいし、楽しい」ことを感覚的に知っているからです。

かつてカール・ポパー（オーストリア出身のイギリスの哲学者）は、「反証可能性」を提唱しました。科学の真理は、常に反証事例に耐えながら存在するものであり、現在どれだけ真実であるかのように見えていても、「いずれ反証される」という可能性を併せもっているという考え方です。科学の真理だってそうなのですから、子供たちの学習だって同じように考えてもいいのではないかと思うのです。

実際、教師の「本当にそう思う？」といった問いかけは、「この学級では自分が不思議に思ったことを言ってもいい」「『どうして、そう言えるの？』って聞いてもいい」というメッセージにもなります。

教師にしたところで本当は、「なにかを深く考えるためには、疑問を必要とする」ことを知っています。しかし、頭ではわかっているものの、子供たちに促すことを躊躇します。〝自分が答えに窮するような疑問だったらどうしよう〟という心理が働くからです。

しかし、これからの社会を生きていく子供たちは、「正解がない課題に正対し、自分なりに答えを見付けていかなければならない」などと言われます。そう言われれば、不安感が先立つのは自然なことでしょう。だからこそ、発想の転換が必要なのです。「正解がないのではなく、正解はたくさんある」と考えれば視界が広がるはずだからです（拙著『「本当に知りたい」社会科授業づくりのコツ』明治図書出版、２０２２年）。

「先生もよくわからないから一緒に考えていこう」

「自分で調べてなにかわかったら、みんなにも教えてね」

教師もまた一人の学び手です。そうした思いをもって、子供と一緒に学ぼうとする姿勢を示すことができれば、なにごとにも関心を寄せて考える子供が一人、また一人と増え、やがては学級が「考える集団」となっていくことでしょう。

2　対話する集団づくり

教師であれば誰しも望む子供の学ぶ姿があります。その一つに挙げられるが「対話する集団」です。経験を重ねるほど、その思いは強くなります。特定の子供だけが発言する授業では満足できなくなるからです。

どの子も発言できるようになれば、それはそれで素晴らしいことです。しかし、それだけでは満足できないはずです。先生方が待ち望んでいるのは、クラスメイトの発言に乗っかって肯定したり、違った切り口から発言したり、疑問に思ったことを質問したりすることを通して、子供の考えがつながり、学びが深まっていく対話だからです。

学級を「対話する集団」にしていくには、次に挙げる教師による手立てや心がけが必要です。

(1) 反応するトレーニングをする

まず挙げられるのが反応するトレーニングです。

資料を配る、教師が説明する、友達がスピーチする、いずれの場面であっても、子供がなにかしらの反応を行えるようにするトレーニングです。

といっても、それほど難しいことではありません。「どう？」「聞かせて」「反応して」などとシンプルに発言を促し、反応した子供を価値付ける。それを学級全体に広める。この繰り返しです。

授業中、クラスメイトの誰かが発言するたびに、「あぁ」「なるほど」「へ～」などとつぶやきが生まれる学級があります。こうした姿の裏側には、先に挙げた教師の関わりがあります。教師が日々、大いに賞賛しているから、心にあるものをつい声に出してしまうのです。

そうした子供のつぶやきも拾い上げれば、〝こんなつぶやきでもいいんだな〟と感じるし、つぶやきの元となる発言をした子供も〝自分の考えに反応してくれたんだな〟（クラスメイトが自分を認めてくれた）と感じ、喜びや安心感が生まれて発言するハードルがよりいっそう下がります。こうしたやりとりが、「対話する集団」づくりに欠かせないのです。

(2) 一人の発言では引き取らない

教師のほうは〝対話を通して学んでもらいたい〟と願って授業づくりをしているはずなのに、どうしたわけか現実には一問一答にしてしまう様子を見かけることもあります。

その理由にはいくつか考えられると思いますが、顕著な例を挙げると次のとおりです。

子供に向かって教師が発問し、子供が答えると即座に後ろを向き、子供の発言を板書している。

一見すると、どの子の発言も拾おうとする教師の振る舞いのように見えるかもしれません。しかし実際には、子供同士ではじまったかもしれない対話を寸断します。クラスメイトの発言にのっかるタイミングを失うからです（教師が後ろを向いた瞬間に子供は沈黙します）。そのため、結果的に一問一答の授業になってしまうのです。

それとは対照的に、対話が活発な学級では、教師は一、人、の、発、言、ではけっして引き取りません。

「今、Aさんが言ってくれたこと、意味がわかった？」

「わかったら、あなたの言葉で言ってみて」
「付け足して言いたいことはある？」
「別の言い方ができる人はいない？」
「もう少し細かく例をあげられる人はいる？」

こんなふうに、子供の発言を接ぎ木しながら次の発言を促し、ある程度子供の考えが出揃ったり、区切りがついた段階までできてようやく、「じゃぁ、みんなの言いたいことはこうかな」などと言いながら板書にします。

子供の発言を逐一板書する必要がある場合にも、板書しながら「続けて」「それで？」などと促します。トレーニングを積んだ子供たちであれば、そんな短い促しであっても、お互いの発言につながろうとします。

ほかにも、発言した子供が、「（みなさん）どう思いますか？」とクラスメイトに尋ねることをルールにしている学級もあります。

いずれにしても心がけたいことは、**教師は子供が発言しているときにその子をしっかりと見つめ、頷きながら話を聞き、発言の内容を理解しようと努力している姿を見せる**ことです。教師のこうした姿勢は、〝対話は人の話をよく聞いて、つなぎ合うことなんだ〟

という気付きを子供たちにもたらします。すなわち、対話することのおもしろさや可能性を子供たちが意識できてこそ、「対話する集団」に近付いていくということです。

(3) グループでの対話を重視する

「グループ活動は時間がかかるから行わない」(ないしは、「最小限に留める」)といった声を聞くことがあります。そのように考える方はおそらく、「グループ活動は非効率的だ」と考えているのでしょう。このような考えの裏側には、〝グループ活動を行ったら、すべてのグループに発表させなければならなくなる〟といった固定的な思い込みがあるように感じます。

しかし、そもそも論で考えれば、固定的に考える必要はないことがわかるはずです。グループ活動はもちろんこと、話し合い活動や調べ学習などもすべて、授業のねらいを実現するためのプロセスにほかならないからです。166頁で述べた「選択」と「共有」で考えるならば、グループ活動は「選択」に位置付けられます。

それに、全グループに発表させたからといって、学びが深まるわけでもありません。

例えば、Aグループに所属するBさんは、(当然のことながら)自分のグループで話し合ったことであれば詳細に理解しています。それに対して、自分が所属していないCグループの話し合いや活動内容（プロセス）については、（これもまた、当然のことながら）知りようがありません。ということはつまり、Cグループの発表を聞いても、Bさんの理解は〝そういう活動をしていたんだな〟といった程度の受け止めにとどまるということです。

別に、全グループに発表させても意味はないなどと断じたいわけではありません。ここで私が言いたいことは、あくまでもグループ活動はプロセスである以上、互いの学びについての理解状況に「濃淡」があってよいということです。むしろ重視すべきは、グループ活動を経た後の「個人としてのまとめ」です。

＊

子供は子供同士でしか通じ合えない言語空間をもっています。教師が説明した言葉よりも、同じグループに所属する子供たちの話す言葉のほうがすっと頭に入ることはざらにあるし、（グループ活動であれ、話し合い活動であれ）それこそが子供同士で対話を行う活動を授業に取り入れる意味なのです。

(4) 助け合う集団づくり

さまざまな価値観を共有する多様性の時代だと言われる今日です。ＬＧＢＴにせよ、ＳＤＧｓにせよ、多様性を求める声は大きくなるばかりですが、人間はそもそも一人一人異なる存在であり、一人として同じ人間はいません。

そうである以上、多様でなかった時代などないのです。それは子供も同様で、注視すべきは「多様性があること」ではなく、「多様であることを受け止め合えること」(私とは違うあなたの存在を肯定的に認めること) です。そして、子供たちがお互いの違いを認め合えるように研鑽を積んできたのは、ほかならぬ学校教育です。

ただ、そうはいっても容易なことではありません。受けもつ子供は毎年入れ替わっていくので、一度完成したらそれで終わりとは永遠にならないからです。

先日、こんな記事を目にしました。

「ダウン症のある娘の「しゃべり方」を指摘されたとき、さりげなく反論してくれた友だちの存在」

(前略) ある日、お友だちと一緒に遊んでいた時、他のお友だちが娘に向かって「何?

わからないから知らない」と、そして周りのお友だちに向かって「何を言っているのか、よくわからないよね〜」と言ったんです。その時、Tちゃんはすかさず「でも、何を言っているのか、わかる時もあるよね〜」とお友だちに対して言ったのです。

Tちゃんは無意識だったのかもしれませんが、言葉選びが天才的だなと感じました。こう言えば、他のお友だちも娘も両方とも傷付けず、その場の雰囲気も悪くしない、サラッとこんなことを言って返せるTちゃんは本当にすごいなと思ったものです。

娘の話す内容についてTちゃん本人に聞いてみると、「英語みたいな感じかな。聞き取れる単語もあれば、聞き取れない単語もあって、でも何となく言ってることはわかる。まあ全部聞き取れなくても別に良いし、会話で困ったことはないです」と、話してくれました。（後略）

出典：長谷部真奈見（フリーアナウンサー）ＦＲＡＵ記事（https://gendAI.media/articles/-/126125）より

このエピソードを読んで、心温まるとともに、少し複雑な気持ちにもなりました。

学級には、Tちゃんのように機転が利き、自分と友達の「違い」を自然に受け止められる子供は確かにいます。そうでない子供もいます。心のなかでは〝なにかしてあげたい〟

と思いながら、行動に移せない子供たちです。むしろ、そうした子のほうがはるかに多いでしょう。

それに、周りの友達に向かって「何を言っているのか、よくわからないよね～」と口にした子だって、別に悪気があってそう言ったわけではないかもしれません。

学級には本当にいろいろな子供たちがいます。だから私たちは日々、「助け合うことが大切だ」と子供たちに口にします。

それ自体は大切なことです。ただ、このようにも思います。「行為として力を貸すことだけが、助け合いではないはずだ」と。

いろいろな形があっていいと思います。

大切にしたいことは、相手のことを理解しようという気持ちをもって試み続けることです。うまく意思疎通できないことがあっても、それも含めて受け入れ合えるようにすることです。そうできれば、子供たちの人間性はおのずと豊かになっていくのではないでしょうか。

先生方には、そのような学級を理想として掲げ、追い続け、子供たちにもその理想の姿を伝え続けてほしいと思います。

［視点⑩］研究成果を見える化する視点

研究成果は、先生方が努力したことの結果ですから、目に見える形にまとめたいものです。

研究のまとめ方については、次の例が多く見られます。

1　子供の意識を調査し、グラフを作成してまとめる例

一番多いのは、子供の姿の変容（様子）や意識を調査（アンケート調査）し、グラフなどを作成してまとめるものです。

ここで紹介するのは、社会科の授業づくりについて研究している学校の例です（資料13）。

調査結果は、グラフ化するだけでなく、「これらの結果からどのようなことが読みとれるのか」という視点から、分析と考察が加えられる例が多く見られます。

資料13　令和５年度社会科アンケート結果（３年～６年）

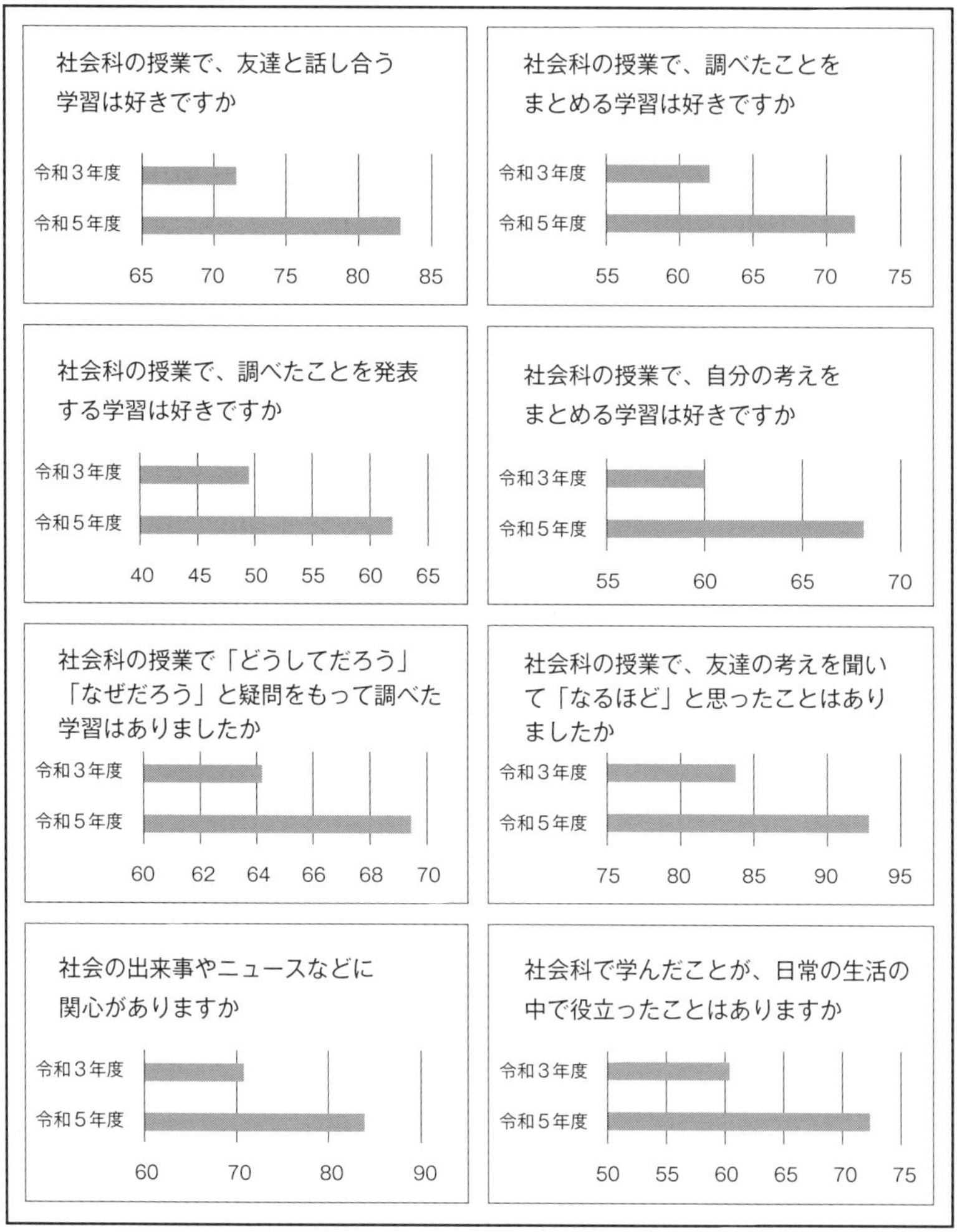

※中央区立日本橋小学校の研究

また、資料14のように、グラフに添えて成果と課題を簡潔に記述している例も見られます。

資料14　成果と課題

児童アンケート調査の結果から見える成果と課題

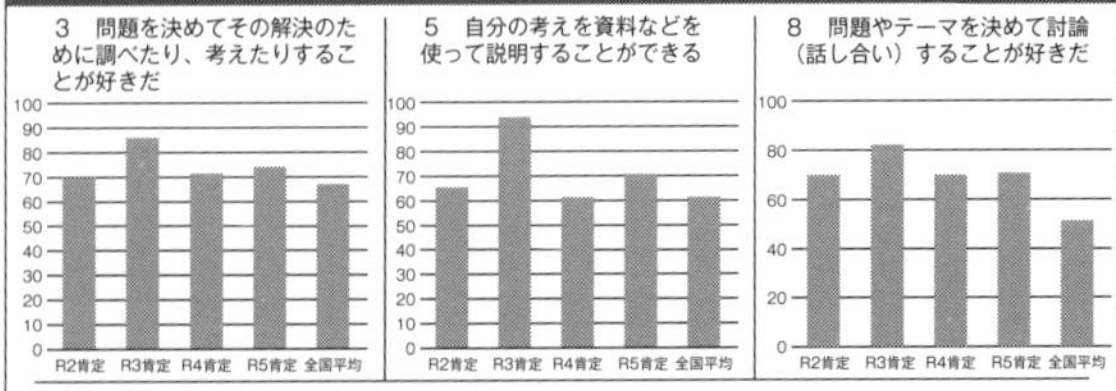

3　問題を決めてその解決のために調べたり、考えたりすることが好きだ
5　自分の考えを資料などを使って説明することができる
8　問題やテーマを決めて討論（話し合い）することが好きだ
R2肯定
R3肯定
R4肯定
R5肯定
全国平均

◎各項目で全国平均以上であり、問題解決の学習が定着してきている。

▼高学年は、学習問題を協働的に解決することに対して苦手意識がある。

児童アンケート調査の結果から見える成果と課題

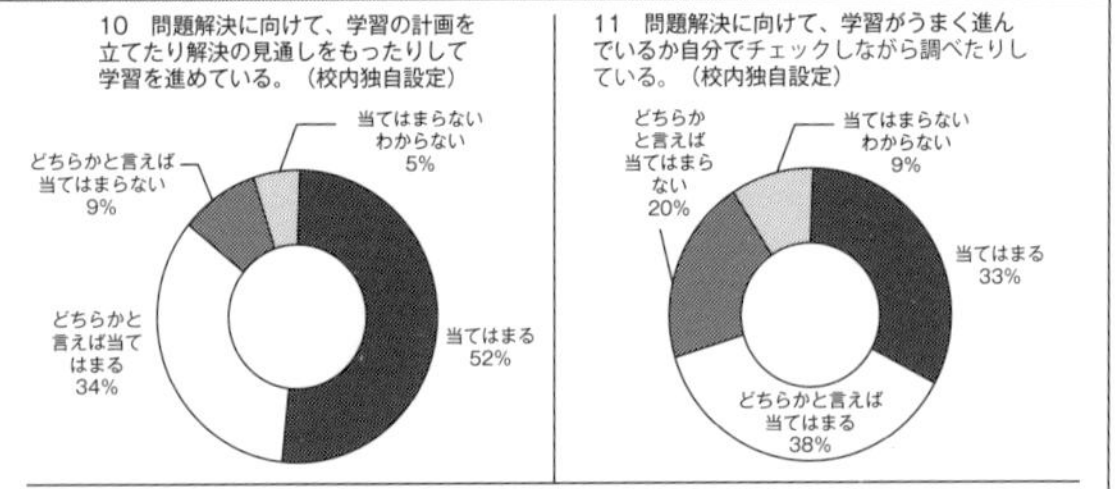

10　問題解決に向けて、学習の計画を立てたり解決の見通しをもったりして学習を進めている。（校内独自設定）
当てはまらない わからない 5%
どちらかと言えば当てはまらない 9%
どちらかと言えば当てはまる 34%
当てはまる 52%
11　問題解決に向けて、学習がうまく進んでいるか自分でチェックしながら調べたりしている。（校内独自設定）
どちらかと言えば当てはまらない 20%
当てはまらない わからない 9%
当てはまる 33%
どちらかと言えば当てはまる 38%

◎問題解決に向けて、学習計画を立てて学習の見通しをもつことはできるようになった。

児童アンケート調査の結果から見える成果と課題

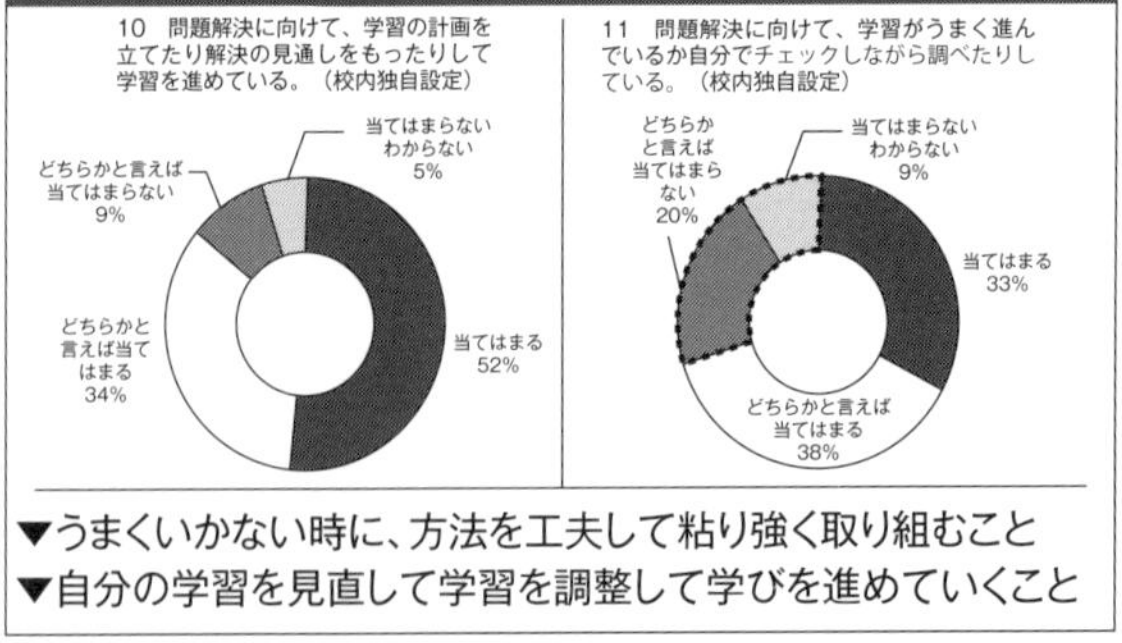

10　問題解決に向けて、学習の計画を立てたり解決の見通しをもったりして学習を進めている。（校内独自設定）
当てはまらない わからない 5%
どちらかと言えば当てはまらない 9%
どちらかと言えば当てはまる 34%
当てはまる 52%
11　問題解決に向けて、学習がうまく進んでいるか自分でチェックしながら調べたりしている。（校内独自設定）
どちらかと言えば当てはまらない 20%
当てはまらない わからない 9%
当てはまる 33%
どちらかと言えば当てはまる 38%

▼うまくいかない時に、方法を工夫して粘り強く取り組むこと

▼自分の学習を見直して学習を調整して学びを進めていくこと

※新宿区立四谷小学校の研究

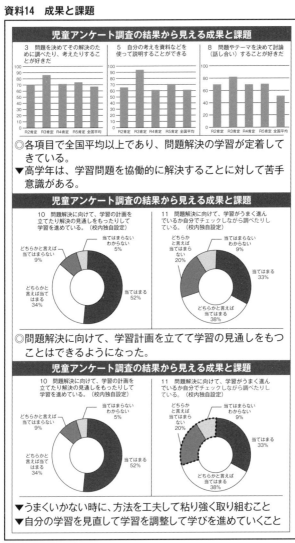

2　研究内容の項目ごとにまとめる例

研究内容の項目ごとに「成果と課題」を文章でまとめる例も多く見られます。

■江東区立明治小学校における研究のまとめ

(2)　社会認識を深め参画意識を培う指導の工夫

①学習問題の工夫

学習問題づくりでは、「学び」のねらいを明確にしながら児童とともに単元を通して追究するための問題をつくってきた。４つのタイプの類型化により何をねらった学習問題かを明らかにしてきたが、「事実・把握」型の学習問題が多かった。事実をしっかりと把握した上で、思考・判断・表現する問題解決的な「学び」の形ができてきている。

また学習問題の予想と、その予想をもとに学習計画を立てていく過程を大切に実践したことで、児童の問題解決に対する意欲がぐっと上がっていくのが実感できた。自分たちが考えた学習問題を解決するために、自分たちで調べることを決め、実際に調べまとめていくという学習過程は大変有効だった。

また、１つの学習問題を追究していく中で、新たな問いが生まれ、新たな学習問題を設定する必要が出てきた。それは単元によっては一つの学習問題では中心概念やねらいを達成できないことや、児童がさらに問題解決に取り組もうという現れで、学習問題により興味をもって真剣に考えてきた結果ではないかと考える。

②話し合いの質の向上

授業を支える力の大きな要素として話し合い活動を重視してきた。授業の流れの中で「グループの話し合い」を通して「自分のかんがえ」を確かめたり、整理したり、また新たな考えに気づいたりすることができた。「グループの話し合い」が行われることにより、「学級全体での話し合い」に向かう児童の意欲がぐっと上がって話し合いがより活発になった。

話し合いを行う時には、教師が学習過程のどの段階でどのような話し合いをさせるのかを吟味する必要があり、児童が話し合う「方向性」を発問や指示の厳選により、明確にしてきたことで児童の考えのふかまりが見られてきた。しかし、場面により、考えをまとめていく話し合いなのか、考えを広げていく話し合いなのか、具体的に授業の場面や学びのゴールをを想定して、話し合いの場面設定をさらに丁寧に計画していく必要がある。

③板書の工夫

児童の思考を整理するために板書を有効に活用してきた。授業の流れにそって、児童が出した意見を黒板に記していくことで、調べてきたことの積み重ねや1時間の考えの変容が目に見える。児童がそれを参考にしながら、考えをまとめ、ノートに必要なことを書いていくことで、板書とノートが有効に関連し合い板書が教材の役割を果たす。

さらに板書計画を立てることで、1時間の学習活動を見通すことができ、また児童がどんな意見や考えを出してくるのかの予想もしておくことができ、有効だった。

※第51回全国小学校社会科研究協議会研究大会研究紀要（平成25年）より

3　部会組織ごとに成果と課題をまとめる例

38頁で紹介した組織を生かし、部会ごとに成果と課題をまとめる例もあります。

■江東区立第二辰巳小学校における研究のまとめ

2　研究の成果と課題

(1)　カリマネ部

①成果

・単元構成図では、単元の前後の繋がりや学年を跨いだ繋がりについて把握しやすくなり、教科等横断的な視点で身に付けさせたい資質や能力を意識したり、指導の着地点を明確にしたりすることができた。また、前学年と次学年にしぼって整理したことで、内容をわかりやすく可視化することができた。

・指導計画では、指導内容を細かく記載することによって、学習の流れや目的を明確にすることができ、1時間ごとの授業や単元全体の流れを掴みやすくなった。

②課題

単元構成図では、記載する内容の定義を明確化し、可能な限りブラッシュアップが必要である。指導計画では、長い単元の場合、記載内容が膨大になってしまい、かなりの労力が必要だったため、情報を精査する必要がある。

(2) 授業部

①成果

・カリマネ関係図を活用して教材研究を行うことで、普段からカリマネを意識した授業作りを行うことができた。

・その授業1時間の中で取り上げる関係だけ書き込めばよく、無理につなげたり3つの枠（方法・内容・環境）を埋めたりする必要はないことや、単元を通してすべてに触れられればよいということが分かった。

②課題

・カリマネ関係図と単元計画・本時案など、重なって書くことがある。

→研究授業で指導案を作る際には何度も書くことになるが、普段の授業作りの中ではカリマネ関係図は有効である。

・カリマネ関係図の必要性やその意図が全体には周知されにくい。

→授業部からの発信や一度カリマネ関係図を活用した上での授業づくりの経験が必要だった。

※「答えのない時代を生き抜く児童の育成」（令和４年度研究紀要）より

4　教師一人一人から出された「成果と課題」をすべて列記する例

研究内容ごとに教師がコメントを書き、それを列記する例もあります（全員の意見を掲載し、全員参加のまとめとします）。「成果と課題点」については、「○と●」で分けて並べるか、「成果→課題点」の順に並べると読みやすいと思います（ここからはテンプレート化して例示）。

1　地域教材の開発について

○～は△△できてよかった。子供たちの日常のなかにあり身近に捉えることができていたようで、積極的に学ぶ姿が見られた。（20代）

●～の教材開発や資料は子供の□□にとって難しい面があったし、教師の労力が大きすぎると感じた。もっと日常的に教科書を活用できるように授業を工夫する必要があるのではないか。（30代）

〈以下略〉

2　学習課題の提示について

○子供の学習意欲を高めるためには、～は大切だと再認識できた。今後の授業でぜひ心がけていきたい。（30代）

●子供に学習の見通しをもたせるように課題提示する方法が未だによくわからずにいる。この点を来年度の研究課題としていくのはどうか。（40代）

先生方から出してもらった「成果と課題」を思考ツールやチャート図に整理することも考えられそうです。

資料15は、四象限マトリクスにまとめた例です。このようにして、一つの研究授業を終えるたびに成果や課題としてわかったことをカードなどに貼って増やしていく「足し算方式」の研究は、学校現場に合った方法であると思います。

資料15　成果と課題：四象限マトリックス

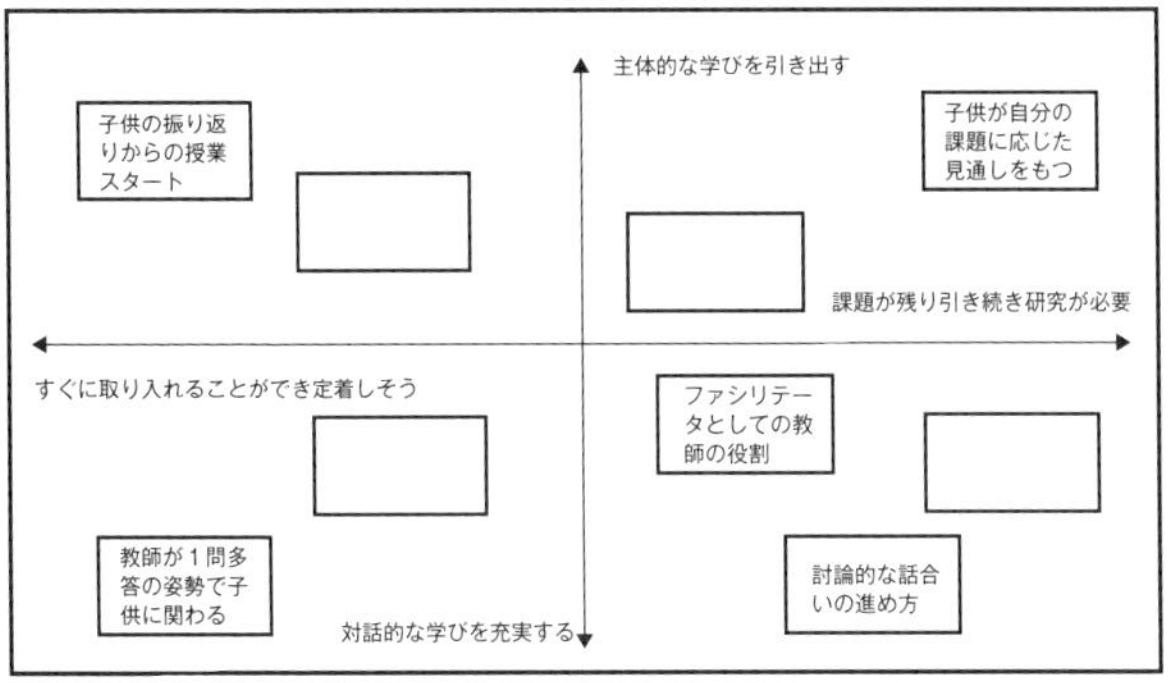

資料16

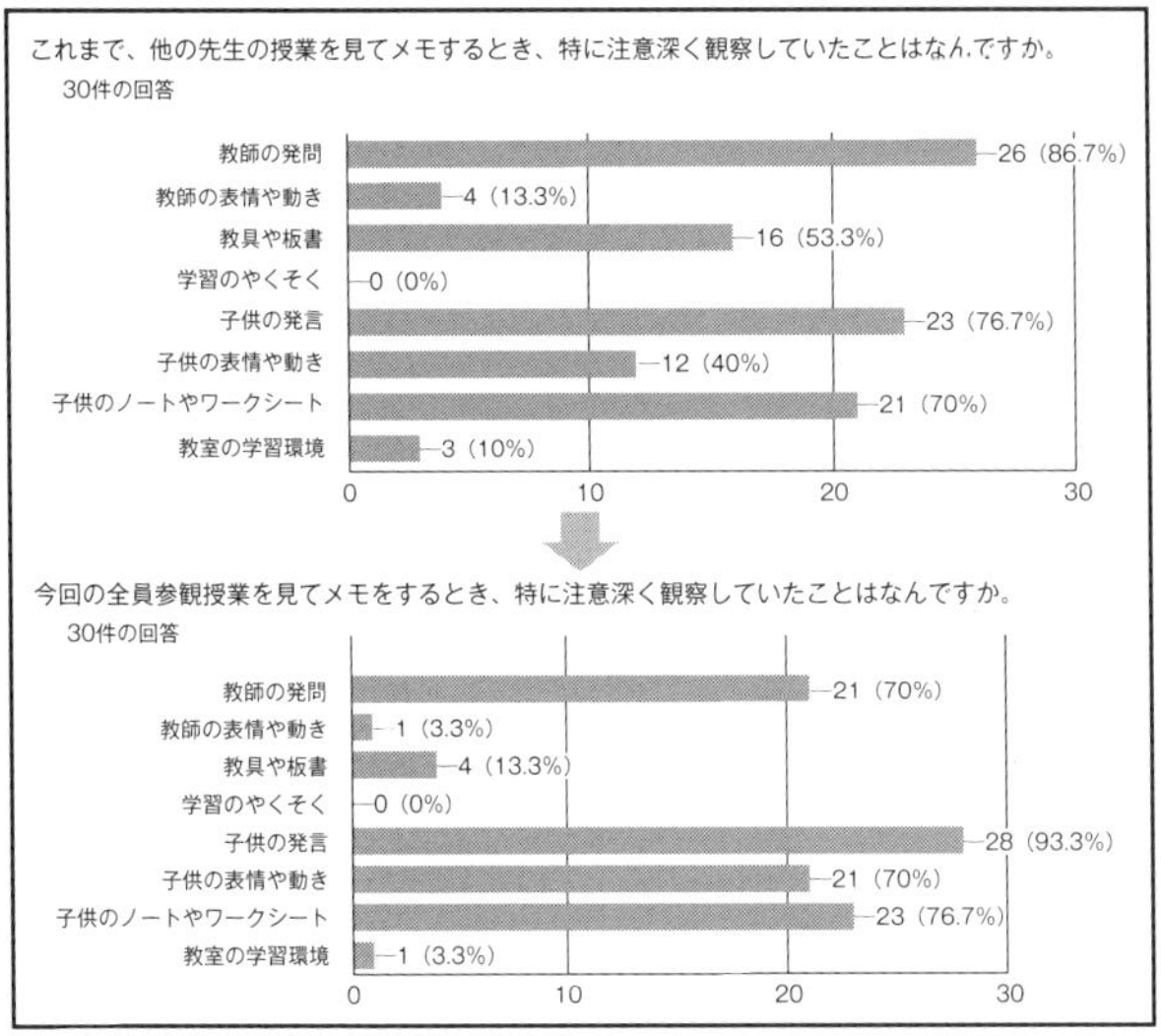

※鹿児島県鹿児島市立田上小学校の研究

資料16は、「教師が授業を参観する際にどこに目を向けるか」の変容を考察するものです。

このデータは、１回の研究授業でも、教師が授業を見る前に自己診断してから研究授業を見ることで取ることができます。

校内研究のスタート時などにおいて、研究内容を具体的に考える際の方法として効果的だと思います。

資料17は、教師の自己評価結果の経年比較です。

資料17

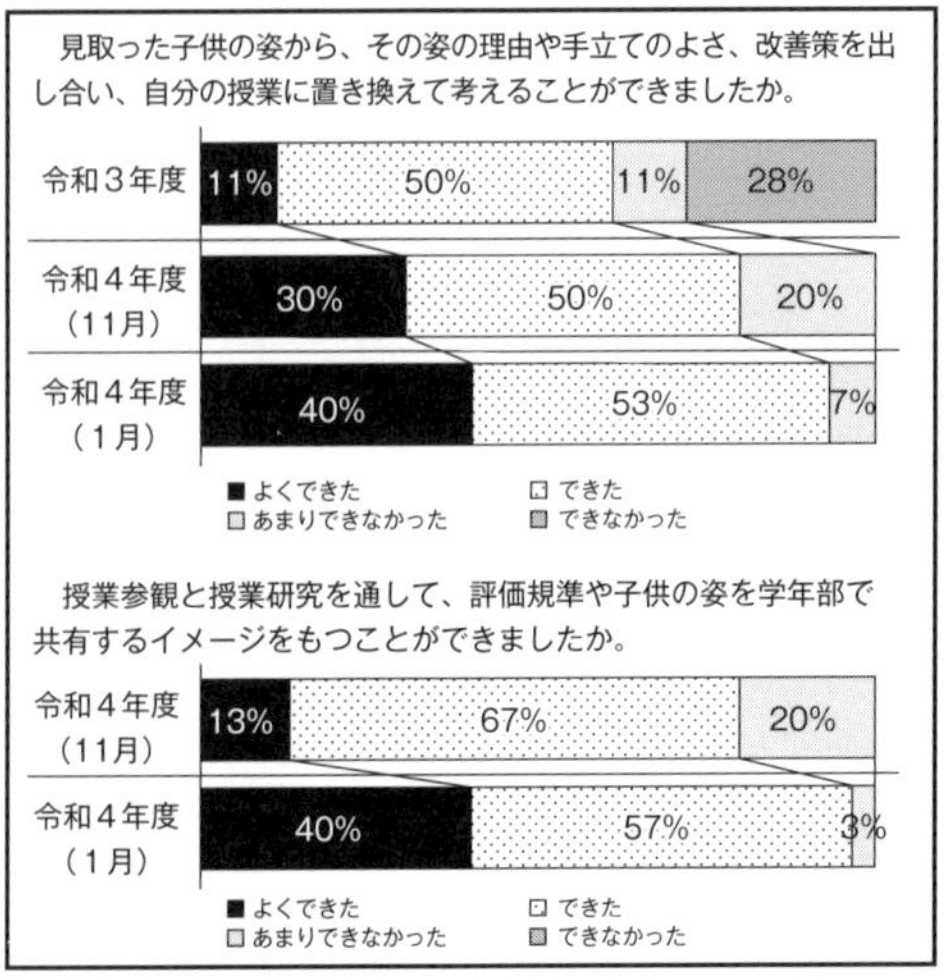
見取った子供の姿から、その姿の理由や手立てのよさ、改善策を出し合い、自分の授業に置き換えて考えることができましたか。
令和３年度
11%
50%
11%
28%
令和４年度（11月）
30%
50%
20%
令和４年度（１月）
40%
53%
7%
よくできた
できた
あまりできなかった
できなかった
授業参観と授業研究を通して、評価規準や子供の姿を学年部で共有するイメージをもつことができましたか。
令和４年度（11月）
13%
67%
20%
令和４年度（１月）
40%
57%
3%
よくできた
できた
あまりできなかった
できなかった

※鹿児島県鹿児島市立田上小学校の研究

研究テーマや研究内容が、校内研究を通して、どの程度、各教師に浸透しているかを評価し、研究成果や課題を考察する方法です。

こうした教師の意識調査やその変化は、校内研究ならではの数値的なデータになり得ます。

加えて、次に挙げる鳴門教育大学附属小学校のように、先生方にアンケート調査を行い、「指導の手立ての効果や課題」「これからの可能性」などを挙げて研究成果としている例もあります。

■鳴門教育大学附属小学校における研究のまとめ（教諭2名へのアンケート）

1　研究を振り返り、授業でタブレットとノートを両方使う際、どのような使い分け方が多かったか。

①タブレット

・調べ学習（URLの配布）
・成果物作成（新聞やポスター、パンフレット、マップなど）
・資料提示（自作資料や教科書・副読本に載っている資料でも書き込んでその書き込んだものを全体で共有したいとき。教科書や副読本などで済むときは配布しない）
・板書写真の共有
・グループ活動での話し合いや協働シート

②ノート

・本時のめあて
・本時のまとめ（文章で記述）

・振り返り（文章で記述）

それ以外は自由にしている。ただ、自由と言っても学びが残るようにと声をかけているので、子供たちは自分なりに板書をメモしたり、調べ学習で見つけたことを書き残したり、学習途中での考えや友達の意見を記録したりしている。

2　タブレットのノート機能（代替機能）としてはどのようなものが効果的と考えるか。

①タイピングのスキルがあれば、学習の振り返りもある程度有効だと思う。こちらが見取りやすいことと、テキストマイニングなどをして学級全体としてどのようなことに意識が集まっているのかを把握しやすいと思う。

②思考ツールを用いた自分の考えの整理

順位付けなど、一度考えた後に変更できるのでその考えの整理の段階においてキーワードでかきやすい。

3　ノートの方がよい、あるいはノートでなくてはならないという点は何だと思うか。

・感じたことを直感的にそのまま残せるところはノートの強みだと思う。子供にとっては打つよりも書くことの方が生活に馴染みがあるので思いや考えを表出しやすいのではないか。

・地図を書くという点においても、タブレットよりノートの方がよいと思う。

・手で書く方が頭の中を整理しやすいと感じるので、自分の考えをまとめているときはノートが必要だと思う。タイプしながら考えるのは子供によってはとても難しいのではないか。

・取材時などのその場で手軽に行うメモ

4　タブレットの方がノートよりよいと思う点は何か。

2で回答した内容がその一つだと思う。そのほかにも、

・友達との共有の早さや簡単さ。

・長い時間保存ができる。

・どこでも見える。

・写真や資料などを引用しやすい。

5　いずれタブレットがあればノートはいらないという状況は来ると思うか。来るとすれば、どんな条件が必要だと考えるか。

・書くという文化が多く残っている以上、来ないと思う。

・低学年の子供は具体物がないと学習のイメージがわかない。ノートという具体物をめくったり、たくさんのノートが手元に残ったりする、学習履歴が量として残っていく経験があってこそ、タブレットへ移行した際には全体像として捉えることができると思う。

・来るとすれば書くことがノートと同じくらいの精度で実現できることが条件になると思う（タブレットや高性能なペン等の環境整備も含めて）。
・資料を見る画面と書く画面とわけても見づらくならない条件が整うこと。

6　ノートとタブレットの使い分けについての考え（自由記述）。

・ノートに書いておかないと、家庭環境によっては家で学習できないのではないかという不安があり、基本的にはノートを使っている現状がある。
・その場で多くの人と共有できることや焦点化しやすいことはタブレットで、すぐに自分がアクセスできたり手元に残しておけたりすることはノートでという使い分けをしている。
・自分の学習ログが長いスパンで残っていくことは一つのよさだと感じる。そのため、成果物はタブレットの中に残していくことにしている。

5　講師の指導・助言を研究のまとめとする例

最近の傾向の一つとして、研究全体のまとめ（成果と課題）についてはあえて書かず、授業実践ごとの成果と課題にとどめる例や、研究紀要の最終頁に講師の講話や指導・助言の内容を掲載し、それをもって研究のまとめとする例も見られます。

編集作業に要する手間暇を効率化するという点ではよい取組だと思います。ただ、そうである場合にも、以下についてはできる限り明らかにする必要があると思います。

●研究を進めた教師が、なにを身に付け、今後、どんなことを課題だと考えたか。
●子供たちが、どのように成長し、さらなる成長を期して、どんなことが必要となるか。

6 「授業の改善」「子供の変容」を、ビフォー・アフター形式で比較考察する例

最後に紹介するのは、中学校ならではの形式です。

まず、事前検討した学習指導案を基に研究授業を行い、事後の研究協議会では、研究内容に即して「①よかった点」と「②さらに改善できそうな点」を整理します。次に、同学年の別の学級で「改善（修正）授業」と称して取り組みます。

この場合の研究成果は、「はじめに行った授業」と「改善（修正）授業」とを比較したときに、「子供の反応がどう変化したのか」を分析・考察するものとなります。

次頁の**資料18**は中央区立晴海中学校、**資料19**は中央区立銀材中学校のものです。

前者は、社会科の授業において、子供による資料選択の幅を変えて「改善（修正）授業」

資料18　ビフォー・アフター形式の研究まとめ例①

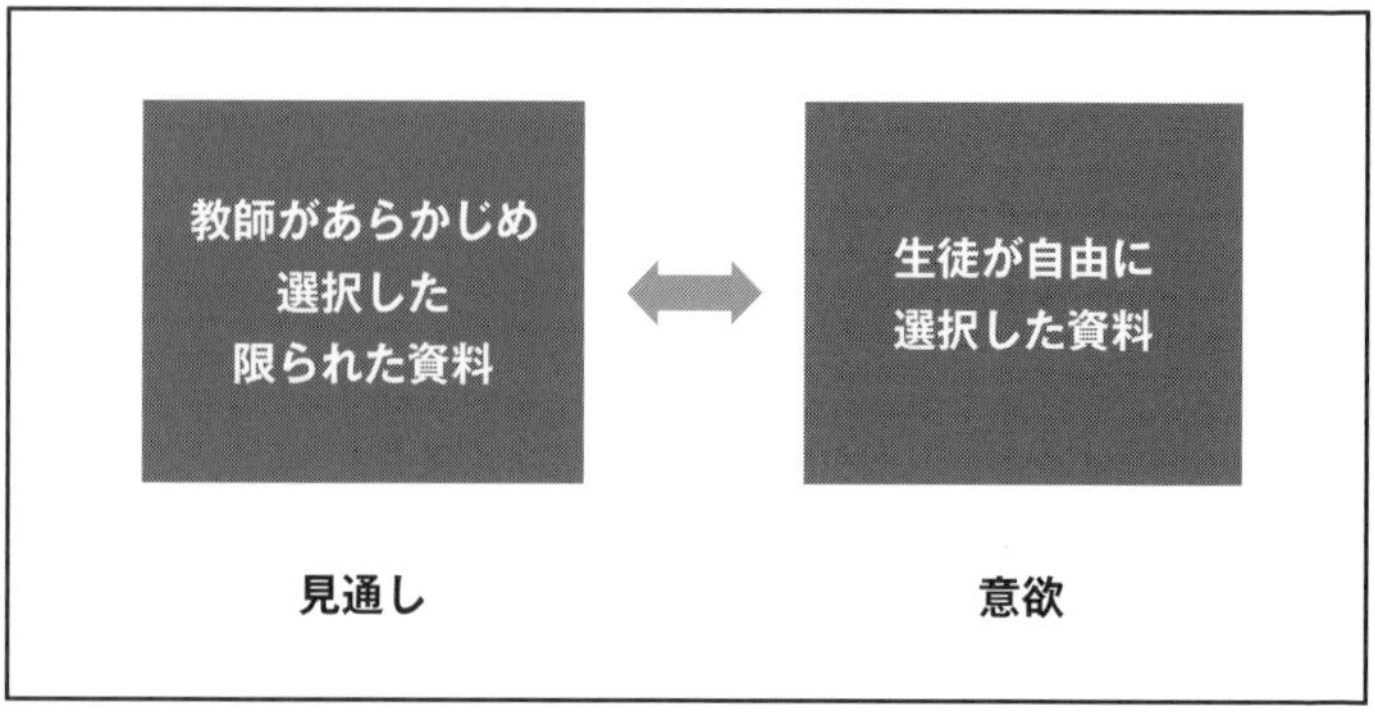

※中央区立晴海中学校の研究
※中央区教育委員会「授業力向上プロジェクト」研究報告会資料より

資料19　ビフォー・アフター形式の研究まとめ例②

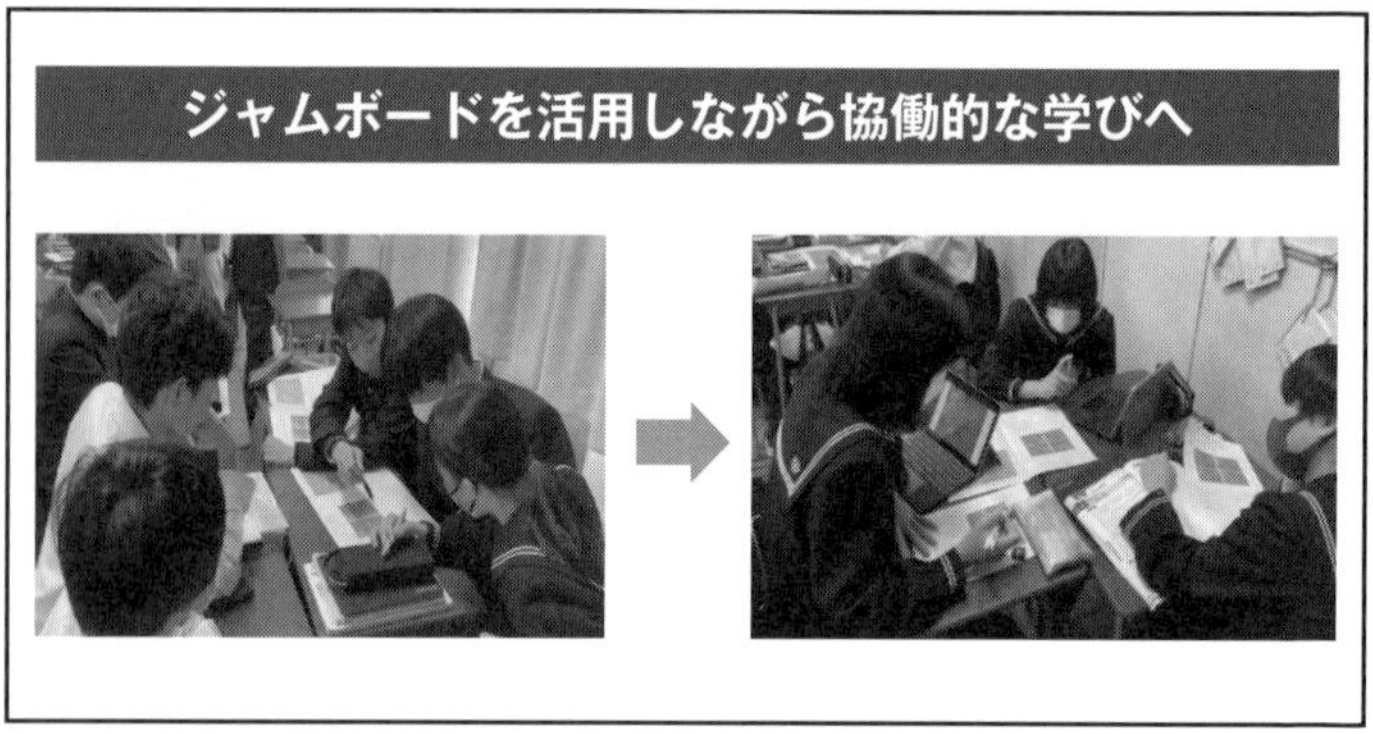

※中央区立銀材中学校の研究
※中央区教育委員会「授業力向上プロジェクト」研究報告会資料より

を行っています。後者は、対話的な学びのグループの人数を変えてみた例です。

いずれも、子供の反応が活発になった様子が報告されるとともに、新たな課題点が浮かび上がる研究になっていました。

終章
校内研究を支える教師のライフステージ

資料1　期待する教師の成長プロセス

	初任者～5年目	6年目～10年目	11年目～20年目	21年目～30年目	31年目～
	入門期	実践力習得期	指導力円熟期	視野拡大期	社会貢献期
学習指導	・各教科等の指導内容の大まかな把握 ・学級全体への指導技術の基礎基本の習得	・各教科等の目標を意識した指導実践 ・教材研究に没頭し授業のおもしろさ感受	・各教科等の指導に関する専門性の向上 ・子供が活躍する授業、個々に目を向けた評価 ・校内研究（研修）における表の牽引役	・全校をリードする経験に基づくモデル的な指導力 ・校内研究（研修）における陰の牽引役 ・子供に愛されるキャラクターの確立	・校内研究（研修）への職員のモチベーション向上 ・地域や関係機関、先進校の情報収集・提供 ・授業観察による授業改革への熱意の職員への伝播
生徒指導	・学級全体への指導技術の基礎基本の習得 ・子供一人一人を見る余裕を生み出す	・個に応じた指導への意識 ・保護者との連携の大切さの自覚	・子供との信頼関係に支えられた指導 ・保護者からの理解と協力を得た指導 ・一人一人に役割をもたせよさを生かす指導の充実	・子供が納得する説得力ある指導 ・他の教員との協働や連携を重視した指導 ・組織的な対応の核 ・モデル的な指導力	・職員を育てつつ子供を育てる生活指導の実践 ・開かれたイメージによる幅広い情報収集能力 ・他校種との接続・発展を踏まえた経営的視点
分掌その他	・社会人としての自覚 ・公務員としての使命感 ・学校の組織的な動きや業務内容の大まかな把握	・組織の一翼を担う自覚 ・新しい発想による校務やカリキュラムへの提案	・各分野におけるリーダーシップの発揮 ・後輩への指導法の伝授 ・カリキュラム・マネジメントへの積極的な参画 ・組織のムードメーカー ・管理職志向の初動期	・管理職の相談相手、管理職と若手のつなぎ役 ・全校を見渡す余裕のある言動 ・地域や保護者との捗外の最前線（看板選手） ・管理職志向本格期	・明確なビジョン、わかりやすい説明、背中で見せる情熱、「この人が言うなら仕方ない」と思わせるリーダーシップ ・地域と共にある学校、地域に貢献する学校の具現 ・球拾いもできる広い心
	情熱・量で勝負		情熱・質で勝負	視野・安定感で勝負	ビジョン・リーダシップで勝負

※拙著『授業づくりの設計図』（東洋館出版社、2020年）より再掲

資料1は、「期待する教師の成長プロセス」を私なりにまとめたものです。終章では、この資料をベースにして、教師のライフステージごとにどのような力量やチャレンジが求められるかについて述べていきたいと思います。

入門期（初任者～5年目）

入門期は、（自分の研究を推進するというよりも）学級経営を第一に考えながら日々の授業を行う時期です。

加えて、学校とはどのような組織なのか、教師の仕事は学級経営や授業以外にどのようなものがあるか、それらの仕事

をどのようなペースで遂行していけばよいのかを知る時期です。1年間の仕事のサイクルを何回か経験することで、見通しらしきものをつかんでいきます。

3年目当たりから少しずつ、子供たちの姿が見えはじめますが、反面、(発言力があるなどといった)特定の子供たちとのやりとりのみで授業を進めがちであることから、学級全体を視野に入れながら授業を進められるようにすることが次の課題になります。

また入門期は、どんな些細なことであっても、遠慮なく質問できる時期です。先輩の授業を見に行き、わからないことがあればどんどん質問しましょう。逆にもし、この時期に遠慮してしまうと、(羞恥心などが拍車をかけて)誰に対しても質問できなくなってしまう怖れがあります(年齢や経験年数を重ねるにつれて余計に難しくなることの一つです)。

ちょっとした思い付きやアイディアなども周囲に伝え、どんどんチャレンジしてほしいと思います。周りの先輩方はそうした若手の姿勢をうらやましく眺めているはずです。どんなことでも「トライアル&エラー」→「エラーは修正する」この繰り返しが、一番身の肥やしになる時期です。

加えて、学習指導案(1時間分でよい)を何度も書いてみることです。これが研究の入り口になります。

資料2

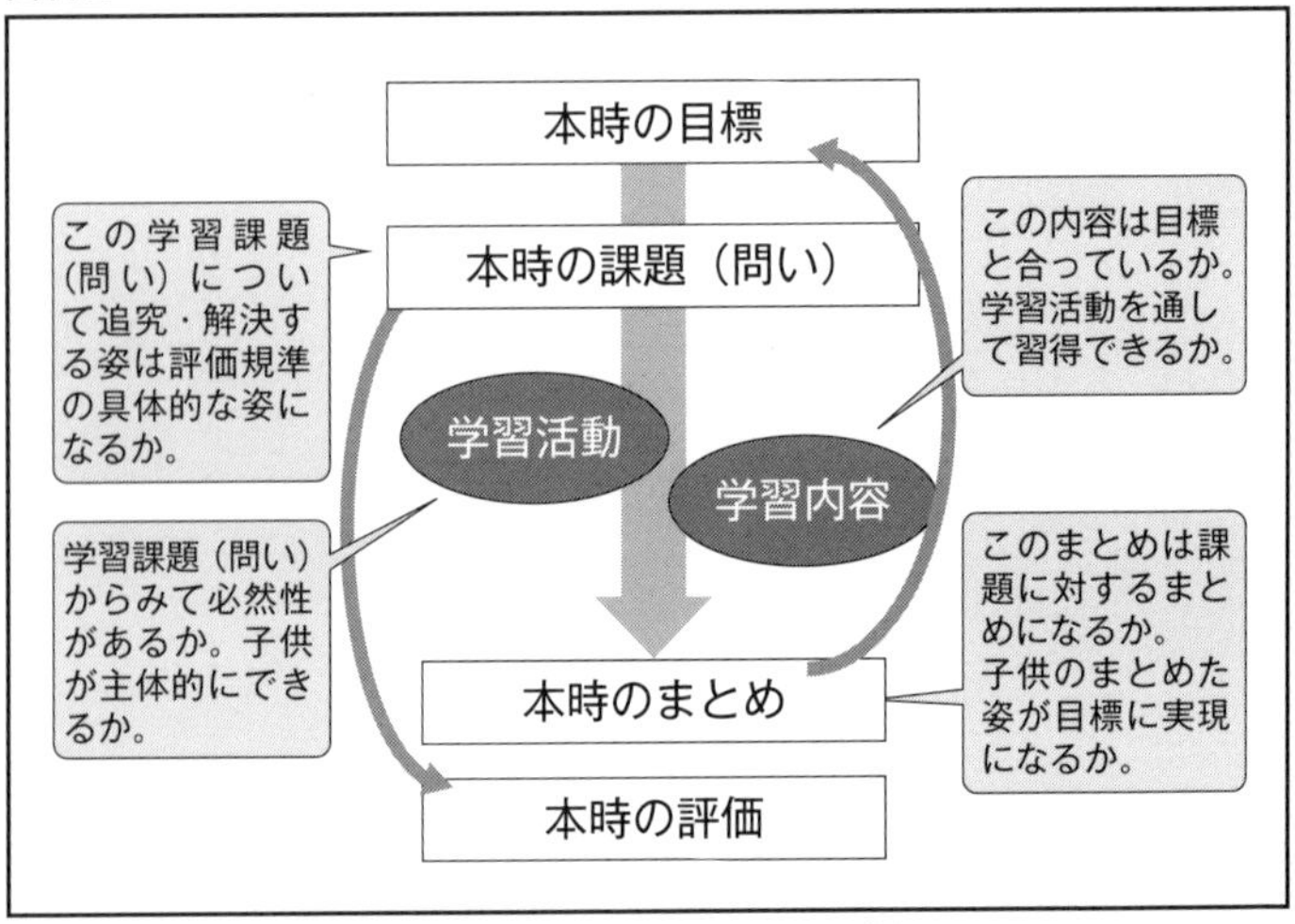
本時の目標
本時の課題（問い）
学習活動
学習内容
本時のまとめ
本時の評価
この学習課題（問い）について追究・解決する姿は評価規準の具体的な姿になるか。
学習課題（問い）からみて必然性があるか。子供が主体的にできるか。
この内容は目標と合っているか。学習活動を通して習得できるか。
このまとめは課題に対するまとめになるか。子供のまとめた姿が目標に実現になるか。

※拙著『授業づくりの設計図』（東洋館出版社、2020年）掲載の図をベースに作成

学習指導案に決まった書式はありません。自分にとってしっくりするスタイルを探すとよいでしょう。

一例ですが、参考までに**資料2**を挙げておきます。

学習指導案を書くうえで欠かせない要素は「目標」「課題」「学習活動・内容」「学習のまとめ」「評価」です。これらを盛り込みながら自問自答し、相互の関連性や期待する効果などを考えていきます。

「今の若い者は…」に続く言葉はたいていネガティブなものですが、私は発想力豊かで行動力のある素晴らしい若手をたくさん知っています。もちろん、経験不足による頼りなさはありますが、どんな教師だって

（ごく稀に例外的な方もいますが）最初から力量があるわけではありません。〝学級や授業を任された以上、なんでも自分の力でやりきらなくては〟などと堅く考えずに、周囲の先生方の力を借りながら地道に研鑽を積んでいけば、足りない部分もやがて補われます。

実践力習得期（6年目〜10年目）

民間企業であれば、6年目ともなるとグループのリーダーとして主任などを務めます。若手が増えている今日、教育現場でも早い時期から学年主任や研究主任などを任されることもあるでしょう。このとき、〝とにかく管理職などから言われたことを言われたとおりにやろう〟といったメンタリティではなく、〝自分自身も学校経営の一翼を担っているんだ〟という自覚をもって、一つ一つの仕事に関わってほしいと思います。

とはいえ、けっして高尚なことを求めているわけではありません。入門期と併せ、この時期までは、「質より量！」「情熱で勝負！」でよいと思います。量が多ければ失敗を補えるし、情熱があれば周囲も温かく許容してしてくれます。それに、ときには量が質を凌駕することもあります。子供たちのほうも、若い先生の場合には（共に過ごす時間などの）

量や情熱でついてきてくれます。

また、この時期においても、他の教師の授業をたくさん見ることをお薦めします。自分から「授業を見させてください」と声をかけ、時間をやりくりしてどんどん見に行きましょう。

できれば勤務校だけでなく、他校の授業も見に行きたいものです。現状、出張扱いなどで他校を訪れるのは難しいとは思いますが、他校の優れた授業にもアクセスしないと、知らず知らずのうちに自らを「井のなかの蛙」「内弁慶」にしてしまう怖れがあります。

外の世界は広いのです。研究校の発表会などに参加すれば、「目からうろこが落ちる」経験をすることでしょう。ベテランが行ういぶし銀の授業からだけではありません。自分よりも経験年数の少ない若手のチャレンジに心を打たれ、身が引き締まる思いをすることもあります（私自身、今もそうした授業を見るたびに感動し、触発され続けています）。

教職6年目以降であれば、他者の授業で学んだことを自分の授業にどう取り入れればよいかイメージできるようになっていると思います。どうぞ狭い世界で満足することなく、外の空気を吸いながら見識を広めていってほしいと思います。

また、授業を参観する際には、（115頁以降に掲載した事柄なども参考にしながら）必ず授業記録をとりましょう。教師の指導と子供の反応（表現）の関係を読み取れるようになると、授業を見る目がぐっと磨かれます。

またこの時期にはぜひ、フィールドワークを行うような教材研究（可能であれば教材開発）にもチャレンジしてほしいと思います。教師自身が心からおもしろいと思える教材であってこそ、子供は学習に楽しさを見いだします。

教師としての人間的な魅力もぐんと増してくる時期でもあります。できれば、同じ業界の先生方とだけでなく、異業種の方々が集うサークルなどにもアクセスし、ディスカッションする機会をもてるとなおよいでしょう。

指導力円熟期（11年目～20年目）

この段階になると、「量で勝負」とはなかなか言いにくくなります。「質で勝負」が求められるようになるからです。

職人であれば一人前だと言われる時期です。周囲の先生方からの信頼を得ながら、学校組織を引っ張っていけるようなムードメーカーになってほしいと思います。

各教科等の専門性も増し、校内研究においても牽引役になる時期です。率先して研究授業を引き受けるなどして、「授業は丹念な教材研究や子供との信頼関係で成り立つこと」を実証してほしいと思います。

また、153頁以降でも述べたように、ミドルリーダーとして遺憾なく力量を発揮できるようになるのもこの時期です。「自分が管理職になったら…」という目線で勤務校の教育課程全体に目を向け、カリキュラム・マネジメントにも積極的に関わっていきたいものです（管理職志向が乏しいと組織の衰退につながります）。

視野拡大期（21年目〜30年目）

「周りを見回すと、いつの間にか後輩ばかりになっていた」そんなふうに感じる時期だと思います。引き続き新規採用も多いでしょうから、若い先生方からすればもはや「数少ない先輩」になっているかもしれません。

さて、この時期は「自分は教育者としてなにをすべきか」を考えはじめる第2フェーズだとも言えます。なかには管理職になった教師もいるでしょうし、そうでない教師もいるでしょうが、共に後進の育成に意を用いてほしいと思います。

また、これまでの経験を通じて磨いてきたコミュニケーション能力や人間関係力を生かし、地域や保護者とのパイプ役、管理職と若手のパイプ役を担うことなども期待したいところです。いずれにしても、学校組織を維持・運営するには、「誰かがやらなければならないこと」「これまで先輩方が引き受けてくれていたこと」を、今度は自分が担う時期だと言えるでしょう。

校内研究においては、研究に合わせるというよりも、これまでに築いてきた授業スタイルや教師としての個性（キャラクター）を前面に出すほうが望ましいことも多いと思います。研究授業を引き受けるならば、経験に裏打ちされた自分らしい指導の仕方や子供理解の姿勢を後進に見せます。そのほうが授業改善の視座が見えやすいと思います。

研究授業を行わないにしても、研究理論を構築したり運営の仕方を検討する際のアドバイザーとして関わるなど、研究推進役の教師や若手の教師を支える立場に身を置きます。

もちろん、「若手（後輩）から学ぶ」という謙虚な姿勢も忘れずにいたいものです。

社会貢献期（31年目～）

この段階まで来れば、もはや校内研究云々について他者から指南を受けるというよりも、自らビジョンを発信していくべき時期です。管理職になっていることも多いでしょうし、「これまで自分を育ててくれた先輩方への恩を後輩に返す」という気持ちをもってほしいという思いから「社会貢献期」としました。

また、65頁以降でも述べましたが、教育の先進的な実践や教育改革の動向、授業改善の情報等については常にアンテナを高く張っておき、後輩たちに対して刺激を投げ込んでほしいと思います。

他者から学び、自ら培ってきたことを周囲の人たちに伝え残して職業人生を終える。こうした意識を強くもっている管理職やベテランがいる組織は、組織一丸、丸く収まります。たとえ、自分の意向とは違っても〝この人が言うなら、いっちょやってみるか〟と所属職員をその気にさせるからです。ぜひ、背中で魅せるリーダーシップを発揮してほしいと思います。

＊

ここまで述べてきたことは、私がこれまで関わってきた素晴らしい方々の姿を思い浮かべながら整理したものです。学術的な根拠があるわけではないし、私が考える理想像にすぎません。

それに、いったんは民間企業に勤めはじめたものの、夢を諦められずに教職の道を選んだ（私のような遅咲きの）教師もいるだろうし、何年経っても自信をもてないまま学び続けている教師もいることでしょう。だから、なにがよいなどと一概に言えないことは承知のうえです。

本章を通じて私がみなさんに伝えたいことは、教師生活は長く続くということです。だから焦らず、一歩ずつ前に進んでいってほしいと思います。

そのためにも、「自分のライフステージはどこに位置付くのか」「どんな成長を遂げていければ、豊かな教師生活を送っていけるのか」をイメージする手助けになったら嬉しく思います。

最後に、いまからちょうど10年前に寄稿した文章を紹介したいと思います。

「子供を大切にするとは」

「子供を大切にするとは、どのようなことか」

小学校教諭として2校目の学校へ着任した当初、当時の校長が職員会議で教職員に投げかけた問いである。その後も校長は、授業を観に来ては「今日は子供を大切にしたか」と問いかけてきた。「どういうことですか」と聞き返しても、「自分で考えるべきことだよ」と笑みを浮かべながら、答えは教えてくれなかった。

その頃の私は毎年、2、3回ずつ研究授業を行うようにしていた。校長は、毎回授業を参観してくれた。それだけでなく、算数部に所属する校長は、私の社会科の指導案を真っ赤になるまで添削してくれた。研究協議会後の懇親会にもひょこっと顔を出し、親しくもない社会科部の教員たちと談笑していた。しかし、相変わらず私には「子供を大切にしたか」と尋ねてきた。

あるとき、「今日は、子供たちがとても意欲的に発言していたので子供を大切にできたと思います」と答えてみた。すると、校長は「子供たちとは、誰と誰のことを指して言っているのか」と返してきた。私は言葉を返せなかった。

その後、あれこれ試行錯誤し、全員に分かりやすく教える方法を懸命に考えたり、教材や資料提示を工夫し、子供が参加意欲を高めることを工夫した時期があった。いや、分かるだけではダメだと、子供が真剣に考えるよう討論やグループ活動を工夫し、一人一人の表現を丹念に聞き取り、読み取り、褒めたり助言を加えたりすることに懸命になった時期もあった。いつの間にか「今、子供を大切にしているか」と自問しながら授業をするようになった。そして、工夫したことのどれもが答えであり、どれもが答えでない気がした。

今、私は学校を訪問して先生方の授業を参観する時、「どのように」子供を大切にしているかと観るようになっている。「子供を大切にするとは」の答えには様々な視点や方法があり、それを自分で見付け出し身に付けることが授業研究である。これが校長が私に教えたかったことだと今は思う。

校長は在職中に体調を崩し亡くなってしまったため、今も答えは聞けないままである。

ただ、振り返ると私は校長から大切にされていたと感じる。

※月刊『初等教育資料』（２０１４年６月号）より

授業改善にゴールはありません。ただ一つの明確な答えがあるわけでもありません。「ゴールがないから研究、考え続けるから研究」なのです。

働き方改革が叫ばれる今日ですが、（できる範囲で差し支えないので）どうかぜひ、校内研究の充実に力を尽くしてほしいと思います。そんな願いを込めて、筆を置きたいと思います。

おわりに

ありがたいことに、全国のさまざまな学校から声をかけていただき、講師として指導・助言させていただく日々を送っています。たいへん光栄なことだと受け止めて私なりに微力を尽くしているのですが、その一方でこう思うこともあります。

〝私はどれだけ、その学校の役に立てているのだろうか〟と。

講演一つとっても、なにかしら授業を改善する後押しはできると思います。ただ、（言葉にすれば身も蓋もないのですが）**その学校の授業は、その学校の先生方が力を合わせ、自力でよくしていく以外にない**とも思うのです。

けっして悲観的に考えているわけではありません。なぜなら、（全国の学校を渡り歩いていて）多くの先生方が素晴らしい資質をもっていることを知っているからです。特にポテンシャルの高い若手の先生方のなんと多いことか。近年は、小学校だけでなく中学校にも招かれる機会が多いので、ますますそう思うようになりました。

ただその一方で、自分のポテンシャルに気付いていなかったり、自分の力だけではポテンシャルを引き出せずに悩んでいる姿を垣間見ることもあります。そうしたとき、外側からの一期一会の関わりであっても、「ヒントの一つくらいは与えられるのではないか」とも思うし、「とはいえ、学習者主体の授業づくりが求められる今日、昔話のような講演であってはあまり参考にはならないのではないか」とも感じます。

だからこその原点回帰です。（講師がいようがいまいが）勤務校の先生方による学び合いの活性化こそ必要なのではないか…と。そうした趣旨から、本書のサブタイトルを「教師自らが共に学び主体的・対話的で深い研究を実現する」としました。

それに対してメインタイトルについては、『校内研究のつくり方』などと堅いタイトルにしてしまいました。正直なところ、「校内研究はつくるものなのか」「そこに決まりなどあるのか」などと確信をもてないまま上梓するに至りましたが、本書が校内研究を進める際、進めていて迷った際などの手助けになったら幸いです。

最後になりますが、本書の編集に当たっては、東洋館出版社の編集部の皆様、とりわけ高木聡氏には多大なるご支援、ご助言をいただきました。この場をお借りして深くお礼申し上げます。

令和6年6月吉日　大妻女子大学教授　澤井　陽介

澤井 陽介（さわい・ようすけ）

大妻女子大学教授

昭和35年・東京生まれ。社会人のスタートは民間企業。その後、昭和59年から東京都で小学校教諭、平成12年から都立多摩教育研究所、八王子市教育委員会で指導主事、町田市教育委員会で統括指導主事、教育政策担当副参事、文部科学省教科調査官、文部科学省視学官、国士舘大学教授を経て、令和４年４月より現職。

〈主な著書〉『できる評価・続けられる評価』（2022年）、『［図解］授業づくりの設計図』（2020年）、『教師の学び方』（2019年）、『授業の見方』（2017年）いずれも東洋館出版社、ほか多数

入門 校内研究のつくり方

教師自らが共に学ぶ

主体的・対話的で深い研究を実現する！

2024（令和6）年6月6日　初版第1刷発行

著　者　澤井 陽介

発行者　錦織圭之介

発行所　株式会社　東洋館出版社

〒101-0054　東京都千代田区神田錦町2-9-1

コンフォール安田ビル2階

代　表　TEL 03-6778-4343

営業部　TEL 03-6778-7278

振替　00180-7-96823

URL　https://www.toyokan.co.jp

装　幀　中濱健治

印刷·製本　藤原印刷株式会社

ISBN978-4-491-05554-1　Printed in Japan